Kathrin Moeschlin · Nadia Pettannice

Badefreude, Wanderlust und Pistentraum

Appenzeller Verlag

Kathrin Moeschlin · Nadia Pettannice

Badefreude, Wanderlust und Pistentraum

Geschichte der Tourismusförderung in Appenzell Innerrhoden

Appenzellerland.

Inhalt

Vorwort

Liebe Leserinnen und Leser

Zum Geburtstag gratuliere ich dem Verein Appenzellerland Tourismus AI. Das 125-Jahr-Jubiläum gibt dem Vereinsvorstand und der Standeskommission genügend Anlass, um die Entwicklung des Tourismus in Appenzell Innerrhoden eingehend aufzuarbeiten und mit diesem Buch einen Einblick in die interessante Tourismusgeschichte des Kantons zu geben.

Mit dem neuen Standort der Tourist Information am Landsgemeindeplatz, der Jubiläumshauptversammlung, der Fotowanderausstellung und nun mit diesem Buch erhält das Jubiläum einen festlichen Rahmen. Damit werden die grossen Verdienste der vielen Personen, die sich in den vergangenen 125 Jahren für den Tourismus in Appenzell Innerrhoden eingesetzt haben, gebührend gewürdigt.

Der Tourismus ist in Innerrhoden ein bedeutungsvoller Wirtschaftsbereich. Etwa jeder sechste Arbeitsplatz beinhaltet eine touristische Tätigkeit. Ebenfalls besteht durch die für den Tourismus gepflegte Infrastruktur auch für Einheimische ein Angebot, das stark zur hohen Lebensqualität beiträgt. Beispiele sind das einzigartige, stets gut unterhaltene Wanderwegnetz, die vielen Gaststätten oder auch das breite Angebot unserer Detailhandelsbetriebe. Um den Umfang und die Qualität dieser touristischen Dienstleistungen betriebswirtschaftlich zu erhalten, braucht es auswärtige Gäste.

In den vergangenen Jahren hat sich jedoch gezeigt, dass die Infrastruktur in gewissen Gebieten an Grenzen stösst. Die Standeskommission hat sich deshalb mit der langfristigen Entwicklung des Tourismus im Kanton befasst und erstmals eine Tourismuspolitik mit einem Massnahmenkatalog erarbeitet. Im Grundsatz gilt das Motto: «Appenzell bleibt Appenzell.» Die erfolgreiche Arbeit der Vergangenheit soll also weitergeführt werden. Die Standeskommission beabsichtigt künftig eine aktivere Rolle einzunehmen, um frühzeitig entsprechende Rahmenbedingungen zu erlassen, wenn dies notwendig wird. Dabei gilt es, einen Konsens zu finden zwischen einem weiterhin attraktiven, qualitativ hochstehenden Angebot für Einheimische und Gäste und den notwendigen Massnahmen bei störenden Einflüssen.

Bei all dem darf nie vergessen gehen, dass der aktuelle Erfolg im Innerrhoder Tourismus kein Produkt der Zufälligkeit ist. Nur dank hervorragender und harter Arbeit von vielen Personen in der Vergangenheit und in der Gegenwart hat der Kanton das erreicht. Appenzell Innerrhoden hat lange seinen Erfolg im Tourismus gesucht. Wir dürfen uns – gerade bei einem solchen Jubiläum – zwar am heutigen Zustand erfreuen, aber nie aufhören, uns kontinuierlich weiterzuentwickeln und zu verbessern. Die gegenwärtigen und zukünftigen Verantwortlichen der Politik, des Tourismus, der Wirtschaft wie auch die Einheimischen müssen dazu ihre Verantwortung wahrnehmen.

Ich wünsche Ihnen eine interessante Lektüre und bedanke mich bei den Verfasserinnen Kathrin Moeschlin und Nadia Pettannice sowie dem Geschäftsführer des Vereins Appenzellerland Tourismus AI, Guido Buob, und dem Landesarchivar Sandro Frefel, welche wesentliche Informationen zu diesem Jubiläumsbuch beigesteuert haben. Ebenfalls bedanke ich mich bei den Vorstandsmitgliedern und bei allen Mitarbeitenden des Vereins Appenzellerland Tourismus AI. Zum Schluss bedanke ich mich bei allen Leistungserbringenden, Partnerinnen und Partnern sowie Einheimischen, welche sich tagtäglich mit Freundlichkeit und grossem Qualitätsbewusstsein für den Innerrhoder Tourismus einsetzen.

Roland Dähler
Landammann
Vorsteher Volkswirtschaftsdepartement, Kanton Appenzell Innerrhoden

Tourismus und Appenzell

Eine erfolgreiche Beziehung

«Das Appenzellerland ist ein immer mehr besuchtes Luft- und Badekurgebiet (800–1700 m) mit besteingerichteten Etablissements in Appenzell, Weissbad, Gontenbad, Jakobsbad, Schwende, Steinegg, Meglisalp, Aescher etc. Vorzügliches Klima. Rauch- und staubfreie Bergluft. Grosse Tannenwaldungen, reinstes Quellwasser. Beste Alpenmilch.»[1] Mit diesen Worten warb der 1899 gegründete Kur- und Verkehrsverein Appenzell für die Region und legte den Grundstein für die professionelle Tourismusförderung in Appenzell Innerrhoden. Durch harte Arbeit, Ausdauer, die Unterstützung der Bevölkerung und Behörden sowie eine ausgeprägte Anpassungsfähigkeit positionierte sich Appenzell Innerrhoden erfolgreich als Tourismusdestination.

2024 feierte der heutige Verein Appenzellerland Tourismus Appenzell Innerrhoden (VAT AI) sein 125-jähriges Bestehen. Ein Höhepunkt des Jubiläums war die Eröffnung der neuen Tourist Information beim Landsgemeindeplatz in Appenzell. Dieser neue Hauptsitz steht sinnbildlich für die Entwicklungsgeschichte der Tourismusförderung in Appenzell Innerrhoden: Der Verein arbeitete sich, von mehreren provisorischen Standorten ausgehend, mühsam, aber beharrlich durch die Jahrzehnte und ist nun im Herzen Appenzells angekommen. Dieses Buch zeigt, wie dieses Kunststück gelang.

Alpine Sehnsuchtsorte: Zwischen Naturwissenschaft und literarischer Verklärung

Die Wurzeln des Tourismus im Appenzellerland reichen weit tiefer als die 125-jährige Geschichte des Kur- und Verkehrsvereins. Bereits im 17. Jahrhundert begannen Naturwissenschaftler, Topografen und Kartografen das Alpsteingebirge zu erforschen. Der Zürcher Mathematik- und Physikprofessor Johann Jakob Scheuchzer (1672–1733) sowie der Schaffhauser Naturwissenschaftler Christoph Jezler (1734–1791) hinterliessen bedeutende topografische Beschreibungen. Auch der Botaniker Johann Georg Schläpfer (1797–1835) aus Trogen trug mit seiner naturhistorischen Beschreibung des Appenzellerlands zur Erforschung der Region bei. Gabriel Rüsch von Speicher (1794–1856) zog mit seinen mineralischen Untersuchungen und seiner Bäderheilkunde speziell die Kurgäste an. Die lokalen Mineralquellen und Heilbäder wurden zu beliebten Reisezielen für Erholungssuchende aus den Städten.

1

Neben den wissenschaftlichen Entdeckungen spielte auch die aufklärerische und romantische Literatur eine prägende Rolle. So beeinflussten Schriftstellerinnen und Schriftsteller wie Jean-Jacques Rousseau (1712 – 1778) oder Albrecht von Haller (1708 – 1777) mit ihrer Idealisierung der Natur die reiche Stadtbevölkerung und zeichneten die Alpen als romantische Sehnsuchtsorte und deren Einheimische als sittliche Gegenbilder zur Stadtbevölkerung. Mit dem 1855 erschienen Roman «Ekkehard», der unter anderem im Wildkirchli spielt, schaffte es der deutsche Autor Joseph Victor von Scheffel (1826 – 1886) auf die Bestsellerliste und war somit mitverantwortlich für die Verbreitung des Sehnsuchtsorts Alpstein. Eine Gedenktafel beim Aescher erinnert noch heute an von Scheffel. International sorgte die Zürcher Schriftstellerin Meta Heusser-Schweizer (1797 – 1876) mit ihren frommen Gedichten und Erzählungen über die Schönheit und Spiritualität der alpinen Landschaften für Aufsehen. Ihre Tochter Johanna Spyri (1827 – 1901) schuf 1880 mit «Heidi» den vermutlich ersten internationalen Bestseller, der die Schweizer Alpen ins Zentrum rückte und bei der Leserschaft die Reiselust weckte.

Molkenkuren, Bergwirtschaften und Reiseführer

Im Appenzellerland kam ab 1750 zur schönen Berglandschaft eine pfiffige Erfindung hinzu: Örtliche Gaststätten lockten mit Molkenkuren privilegierte Kurgäste aus den Städten aufs Land und versprachen ihnen Heilung von allen möglichen Gebrechen. Einheimische Sennen trugen die Ziegen- oder Kuhmolke, die als Restprodukt bei der Käse- oder Quarkherstellung entsteht, täglich frisch von den Alpen herunter und boten sie in den Kurhäusern an. Gais, Gontenbad und Weissbad etablierten sich als

1
Per Grusskarte wurde die Schweizer Berglandschaft in alle Welt verschickt. Bild des Trogener Malers und Illustrators Victor Tobler, erschienen beim Photographie-Verlag Wehrli AG, Kilchberg, 1906.

2
Auf der Quittung des Kurhauses Weissbad war neben dem Zimmer und dem Essen auch der Preis für die Molkenkur aufgeführt, circa 1850.

3
Der Geologe Albert Heim (1849 – 1937) auf einer seiner Exkursionen beim Wildkirchli. Fotografie Arnold Heim, circa 1905.

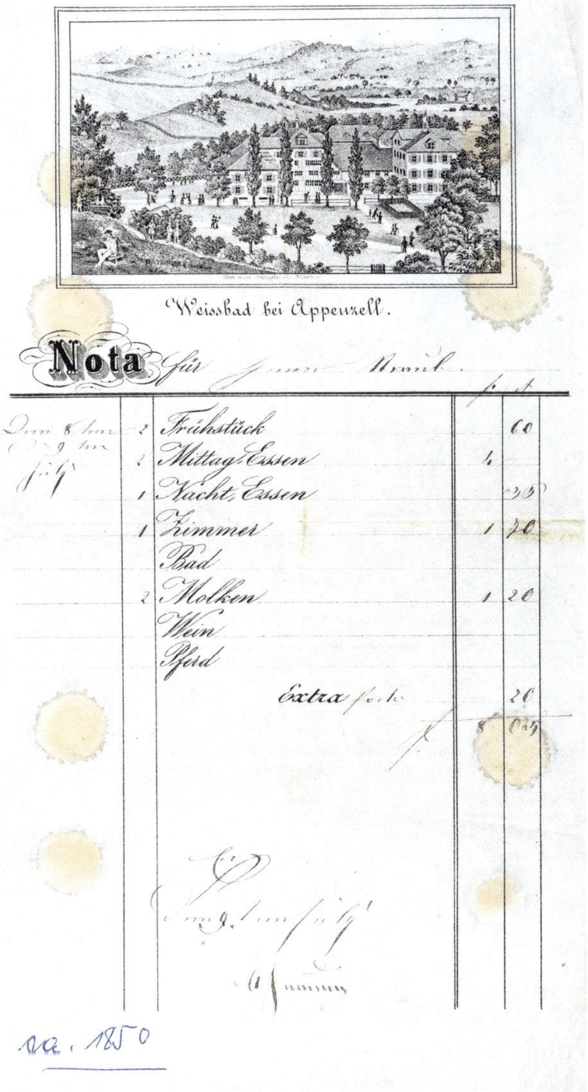

Weissbad bei Appenzell.

Nota für

2	Frühstück	60
2	Mittag-Essen	4
1	Nacht-Essen	35
1	Zimmer	1 20
	Bad	
2	Molken	1 20
	Wein	
	Pferd	
	Extra	20

ca. 1850

2

3

zentrale Kurorte für die feine Gesellschaft und boten Trinkkuren und Heilbäder an. Zur Gesundheitsförderung gehörte zudem das Promenieren an der frischen Luft.

Neben Spaziergängen im Tal begeisterten sich die Kurgäste im 19. Jahrhundert auch für geführte Touren in den Alpstein. 1846 entstand eine erste Schutzhütte auf dem Säntis, die später zum Berggasthaus umgebaut wurde. Rund 40 Jahre später wurde auf dem Gipfel eine der höchsten Wetterstationen der Schweiz errichtet. Als erstes Berggasthaus im Alpstein öffnete Mitte des 19. Jahrhunderts die Sennhütte Aescher beim Wildkirchli ihre Türen. Bis um 1900 entstanden weitere Bergwirtschaften auf dem Hohen Kasten, auf der Ebenalp, auf der Meglisalp, am Seealpsee und auf dem Hohen Hirschberg. Gleichzeitig bauten auch Sektionen des Schweizer Alpen-Clubs (SAC) mehrere Hütten, die Verpflegungs- und Übernachtungsmöglichkeiten boten. Zusammen mit den Bergwirtsleuten unterhielt und verbesserte der Alpen-Club die Bergwege stetig und erhöhte damit den Zustrom und die Sicherheit der Wandernden.

Die Schönheiten des Appenzellerlands wurden zunehmend durch Reisebeschreibungen bekannt, die Landschaft, Sehenswürdigkeiten, Sitten und Gebräuche anpriesen. 1881 publizierten Theodor Grünewald und der Appenzeller Stickereifabrikant Jakob Neff ihren Reiseführer «In die Berge des Appenzellerländchens» und meinten: «[E]s ist ein gar behagliches Wandern, so recht sorglos durch dasselbe hin zu ziehen längs der rauschenden Sitter an den Hügelwellen vorbei mit ihren schmucken Häuschen auf dem frischen Rasengrün, vorbei an den blonden Töchtern Innerrhodens, die am Fenster oder im Freien im Schatten sitzen, das Köpfchen tief über den Stickrahmen gebeugt»[2]. 1899 schaffte es das Appenzellerland auch in den internationalen Reiseführer des deutschen Verlegers Karl Baedeker, der die industrielle Prosperität, die saftigen Wiesen und die erhabenen Schneeberge lobte und Heiden, das Wildkirchli, die Ebenalp, den Hohen Kasten und den Säntis als die schönsten Orte präsentierte.

Kur und Verkehr im Appenzellerland

Durch den zunehmenden Kurtourismus nahm der Konkurrenzkampf unter den Kurorten zu. Um möglichst viele Gäste anzuziehen, entstanden im 19. Jahrhundert schweizweit eigenständige Kur- und Verkehrsvereine. Diese publizierten nun in Eigenregie Reiseführer, Fremdenblätter sowie Orientierungskarten und kümmerten sich um den Ausbau der touristischen Infrastruktur. Dazu gehörte neben dem Strassen- und Schienenverkehr auch die Erschliessung der Tal- und Berggebiete mittels geeigneter Wege.

In der Ostschweiz hatte der 1890 gegründete Verkehrsverein St. Gallen Vorbildcharakter, und er stand auch den Appenzellern bei der Gründung eigener Kur- und Verkehrsvereine beratend zur Seite. In Innerrhoden ging der Kur- und Verkehrsverein aus der seit 1868 bestehenden Promenadengesellschaft respektive dem späteren Kurverein hervor. Er weitete sein Gebiet vom Flecken Appenzell auf den inneren Landesteil aus. Oberegg gründete 1900 einen unabhängigen Verkehrsverein, der bis 1998 existierte und nach Ausserrhoden orientiert war. Dort gab es bereits 1868 eine erste Kurgesellschaft in Heiden. Bis um die Jahrhundertwende besassen fast alle Ausserrhoder Gemeinden eigene Kur- und Verkehrsvereine, die sich zum Verband der Appenzell-Ausserrhodischen Verkehrsvereine zusammenschlossen.

Zeitperioden der Tourismusförderung

Das vorliegende Buch beschreibt die 125-jährige Entwicklungsgeschichte des damaligen Kur- und Verkehrsvereins Appenzell Innerrhoden bis zum heutigen Verein Appenzellerland Tourismus AI, wobei die verschiedenen Schwerpunkte, Herausforderungen und Errungenschaften in vier Zeitperioden unterteilt sind. In jedem Kapitel sind mehrere thematische Vertiefungstexte eingebunden.

4

4
Ansichtskarte mit vier Frauen am Seealpsee und dem gleichnamigen Berggasthaus im Hintergrund, circa 1905.

Das erste Kapitel wirft einen Blick auf die Vorgängervereine, die ab 1868 mit viel Idealismus und Tatkraft den Weg für den Kur- und Verkehrsverein ebneten. Dabei mussten sie feststellen, dass nicht alle im Dorf dem Fremdenverkehr wohlgesinnt waren. Bald stellte sich zudem die Einsicht ein, dass Dorfverschönerungsmassnahmen allein nicht ausreichten und es eine professionelle Vereinsstruktur brauchte. 1899 kam es mit der Gründung des Kur- und Verkehrsvereins zu einer strukturellen und strategischen Neuausrichtung der Tourismusförderung. Der Verein lancierte sofort mehrere Projekte und investierte grossflächig in Werbemassnahmen. Mit seinen Aktivitäten trug er massgeblich zur Hochblüte des Kurtourismus im Appenzellerland bei. Die Aufbruchstimmung endete 1914 mit dem Ausbruch des Ersten Weltkriegs abrupt.

Im Mittelpunkt des zweiten Kapitels stehen die einschneidenden finanziellen Einbussen und Krisen während der beiden Weltkriege. Wie konnte sich der Verein halten, obwohl der gesamte Fremdenverkehr zum Erliegen kam? Die Zwischenkriegszeit war geprägt von der Hoffnung, den Tourismus wieder aufleben zu lassen. Der Kur- und Verkehrsverein träumte von einer Positionierung als Wintersportregion und setzte für die Werbung auf das noch junge Medium Film. Durch den sozialen Wandel und die bessere Verkehrsanbindung veränderten sich auch die Zusammensetzung und Bedürfnisse der Gäste. Die altehrwürdigen Kurhotels erlebten ihren Niedergang, während sich die Gasthäuser vermehrt auf die Mittelschicht ausrichteten.

Das dritte Kapitel beschreibt den Tourismus in der Nachkriegszeit, einer Ära des Wandels. Die Gesellschaft wurde mobiler, wohlhabender und damit konsumfreudiger. Das Wirtschaftswunder und die bis Ende der 1970er-Jahre andauernde Hochkonjunktur lösten einen gewaltigen Bauboom in den Tourismusdestinationen

5

6

aus, da die verfügbaren Kapazitäten dem Massenansturm kaum mehr gewachsen waren. Ebenso erlebte der Detailhandel seinen Aufstieg. Der Kur- und Verkehrsverein musste neue Rezepte finden, um sich in einer wettbewerbsorientierten und schnelllebigen Welt zu behaupten.

Das vierte Kapitel beleuchtet den Weg ins 21. Jahrhundert. Der Kur- und Verkehrsverein erfuhr eine bedeutende Professionalisierung mit der Einrichtung einer Geschäftsstelle und der Tourist Information. Mit dem Tourismusförderungsgesetz erhielt er erstmals eine umfassende politische Rückendeckung. In einer immer vernetzter und digitaler werdenden Welt besann sich der Kur- und Verkehrsverein auf die traditionellen Werte und verschränkte diese, zeitweise in Kooperation mit Appenzell Ausserrhoden, zu einem modernen Destinationsmarketing. Mit der Hinwendung zum Qualitätstourismus stellte er die Weichen für das neue Jahrtausend.

Im fünften Kapitel schildert der jetzige Geschäftsführer des Vereins Appenzellerland Tourismus AI, Guido Buob, die Freuden und Herausforderungen des Vereins in der heutigen Zeit und wagt einen Ausblick in die Zukunft. Welches sind die Ideen und Ziele des Vereins? Wie kann der Tourismus in Innerrhoden seine Stabilität weiterhin behalten?

Lokalgeschichte im Weltformat

Mit der historischen Aufarbeitung der Entwicklung des heutigen Vereins Appenzellerland Tourismus AI schreibt das vorliegende Buch nicht nur Tourismusgeschichte, sondern leistet auch einen wichtigen Beitrag zur Sozial- und Wirtschaftsgeschichte Appenzell Innerrhodens. Der Blick in die Vereinsgeschichte zeigt, wie eng der Fremdenverkehr mit politischen, wirtschaftlichen und gesellschaftlichen Entwicklungen verknüpft ist. Ebenfalls wird deutlich, wie sensibel die Tourismusbranche auf Störungen reagierte. Der Kur- und Verkehrsverein war jeweils gezwungen, sich an die neuen Gegebenheiten anzupassen, und wählte dafür oft innovative und mutige Wege. Dabei konnte er aber nicht schalten und walten, wie er wollte, sondern war auf die Unterstützung der einheimischen Bevölkerung, der Behörden und des Gewerbes angewiesen. Die Tourismusdestination Appenzell, wie sie sich heute präsentiert, ist deshalb ein Produkt ständiger Aushandlungen und letztlich ein Gemeinschaftswerk verschiedener Akteure.

Die Grundlage dieser Vereinsgeschichte bilden die überlieferten Akten des Vereinsarchivs, darunter Jahresberichte, frühe Vereinsprotokolle, Akten, Fremdenführer, Fremdenblätter und weitere Publikationen sowie Werbebroschüren. Als Ergänzung dazu dienten zahlreiche Bestände aus dem Landesarchiv Appenzell Innerrhoden und der Innerrhodischen Kantonsbibliothek. Die gezielte Aufarbeitung der nationalen Medienberichterstattung erfolgte über das Zeitungsarchiv des «Appenzeller Volksfreunds» und über die von der Schweizerischen Nationalbibliothek betreute Plattform e-newspaperarchives.

Dieses Buch enthält viele bisher unveröffentlichte Fotografien aus verschiedenen Kulturinstitutionen der beiden Kantone Appenzell Innerrhoden und Ausserrhoden sowie aus der ETH-Bibliothek Zürich, dem Schweizerischen Sozialarchiv und der Graphischen Sammlung der Nationalbibliothek. Die Mehrheit der Bilder wurde vom Landesarchiv Appenzell Innerrhoden und vom Museum Appenzell zur Verfügung gestellt. Die Bildquellen dokumentieren die Entwicklung der Tourismusdestination Innerrhoden und tragen wesentlich zu einem vertieften Verständnis der Vereinsgeschichte bei.

5
Mit diesem Plakat, das Ausflugsziele im Appenzellerland präsentiert, förderte die Appenzellische Gemeinnützige Gesellschaft (AGG) den Fremdenverkehr. Art Institut Orell Füssli, Zürich, 1896.

6
Illustrierter Tourismusführer für das Säntisgebiet von Gottlieb Lüthi und Carl Egloff, herausgegeben von der Fehrschen Buchhandlung, St. Gallen, 1927.

Als Kurgäste in Scharen kamen

Von den bescheidenen Anfängen bis zur Hochblüte

Als der Kur- und Verkehrsverein Appenzell Innerrhoden 1899 entstand, durfte er in die Fussstapfen seiner beiden Vorgänger treten. Ab 1868 engagierte sich die Promenadengesellschaft für den Tourismus und ging zehn Jahre später in den Kurverein Appenzell über. Die ersten Massnahmen zur Förderung des Fremdenverkehrs bestanden im Anlegen von Promenaden und der Verschönerung des Dorfs. Mit der Gründung des Kur- und Verkehrsvereins rückten die Verkehrserschliessung und die «Propaganda» respektive Werbung in den Vordergrund. Der neue Verein dachte breit und steckte nicht nur viel Zeit und Geld in den Bädertourismus, sondern förderte auch den Wintersport und organisierte Feste und Feierlichkeiten. Die Anfänge der Tourismusförderung in Appenzell Innerrhoden waren geprägt von Idealismus, dem Willen, die Region als Tourismusdestination zu etablieren, und vielen ehrenamtlichen Arbeitsstunden. Umso erstaunlicher ist die Fülle der Angebote, die der Kur- und Verkehrsverein unter diesen Voraussetzungen auf die Beine stellte. Damit hatte er einen grossen Anteil an der Hochblüte des Kurtourismus.

Spazierwege für die hohen Gäste: Die Promenadengesellschaft

Im 19. Jahrhundert wuchs in den gehobenen Schichten Europas die Alpenbegeisterung. Wohlhabende Gäste reisten in die Schweiz und erholten sich in den Bergen. Von dieser Entwicklung wollten auch die Appenzellerinnen und Appenzeller profitieren, denn an wunderschönen Bergen und Landschaften mangelte es ihnen nicht. Bereits in den 1860er-Jahren diskutierten Einheimische über die Erstellung von Promenaden und Alleen in der Nähe des Dorfs Appenzell, um noch mehr Kurgäste anzulocken und ihnen die Erholung an der reinen Bergluft zu verschönern. Zu diesem Zweck gründeten vier Männer aus dem Gastgewerbe und der Politik 1868 die Promenadengesellschaft: Emil Sutter (1844–1908), Wirt und späterer Hotelier im «Löwen», der Steuereinzieher und Wirt Josef Anton Signer-Steuble (1828–1907), der Hauptmann Adolf Fässler (1838–1880), Wirt zum Bierhaus und späterer Besitzer der Brauerei Locher, sowie der Ratsherr und spätere Landammann Johann Baptist Emil Rusch (1844–1890). Sie machten sich sofort ans Werk: Auf dem Boden der Korporation Forren, einer Allmendgenossenschaft, liessen sie einen Spazierweg «von der Bleichebrücke bis zum

7

[Sitter-]Wuhr»[3] anlegen und diesen mit Ruhebänken versehen. Um den Gästen Schatten zu spenden, pflanzten sie zudem 50 Kastanienbäume. Bald traten unerwartete Probleme auf, denn die neue Allee gefiel nicht nur den Kurgästen, sondern auch den frei herumlaufenden Ziegen und Pferden. Sie knabberten und kratzten an den jungen Bäumen und störten mit ihrem Gemecker und Gewieher die Ruhe der Kurgäste. Die Promenadengesellschaft schob diesem Treiben einen Riegel vor, indem sie bei der Standeskommission, der kantonalen Exekutive, ein Verbot für den «Lostrieb» durchsetzte und damit die Tiere in Gehege verwies. Von da an gab es für freimütig herumknabbernde Ziegen eine saftige Busse von 20 Franken.

1871 pflanzte die Promenadengesellschaft vom Bierhaus – der späteren Brauerei Locher – bis zur Bleiche weitere Bäume, 1873 legte sie eine Allee bis ins Weissbad an. Das Engagement für die Region scheint jedoch ein etwas einseitiges Unterfangen gewesen zu sein; regelmässig klagte die Kommission darüber, «dass unsere Dorfbevölkerung gar kein Verständnis für solche Bestrebungen an den Tag lege»[4]. Die Interessenlosigkeit der Einheimischen zeigte sich vor allem in ihrer mangelnden Spendenfreudigkeit. Die Promenadengesellschaft hatte Mühe, die jährlich benötigten Gelder zur Erhaltung und Verbesserung der Promenade aufzutreiben. 1877 hatte die Promenadengesellschaft ihren finanziellen und moralischen Tiefpunkt erreicht. Frustriert musste die Gesellschaft über eine Reorganisation in Form einer Neugründung als Kurverein nachdenken. Der Nachfolgerverein sollte das entstandene Defi-

7
Promenierende Kurgäste beim «Gontenbad», Ansichtskarte mit Poststempel von 1903.

zit von 204 Franken decken und einen neuen Vorstand wählen, da sich der Präsident und der Kassier «in Folge der Theilnahmslosigkeit der Bürger einer ferneren Wiederwahl entschieden verbaten»[5].

Jedem Gast ein Bäumchen: Der Kurverein

Aus der Promenadengesellschaft ging am 20. Mai 1878 der Appenzeller Kurverein hervor mit dem Arzt Johann Anton Hersche (1827 – 1887) als Präsidenten. Ihm zur Seite standen als Kommissionsmitglieder der Arzt und Grossrat Mauritius Alois Broger (1846–1906), der Hutmacher und spätere Bezirksrichter Franz Josef Speck (1854–1920), der aus Urnäsch gebürtige und in Appenzell wohnhafte Fabrikant und Ratsherr Gottlieb Solenthaler (1840 – 1916) und der Wirt der Molken- und Kuranstalt Rössli Steinegg Josef Albert Ulrich Hautle (1841 – 1912). In seiner ersten Hauptversammlung von 1879 konstituierte sich der Kurverein, der unterdessen auf 100 Mitglieder angewachsen war, und setzte in den Statuten folgende Vereinszwecke fest: «Hebung des hiesigen Kurortes Appenzell und Umgebung, Bemühung und Unterstützung für neue Anlagen, Promenaden usw. für Verschönerung des Kurortes und seiner Umgebung und für Erhaltung und Verbesserung des bisherigen.»[6] Die neue Vereinskommission setzte das Werk der Vorgänger fort und pflanzte noch mehr Bäume, beispielsweise von der Haggenbrücke längs der Strasse bis zum Frauenkloster. Dabei war der Verein derart engagiert, dass er selbst den Überblick über den eigenen Baumbestand zu verlieren drohte. 1883 ordnete er deshalb eine Zählung an und kam auf eine beträchtliche Anzahl von 494 Bäumen.

Verzeichnis der dem Kurverein zugehörenden respektive von ihm gesetzten Bäume[7] **Total 494 Bäume**

38	Im Hoferbad der Strasse entlang
2	Ins Hölzhus Dörigs
6	In der untern Brestenburg unter dem Haus
15	In der oberen Brestenburg
42	Vom Anfang der Herren des Wolfböhl (rechts)
49	Vom Wolfböhl wieder bis zur Brestenburg
10	Vom Eck des Forrenanfangs bis Böhlers Bischeli
10	Ins Bölers Bischelis Liegenschaft
43	Von da bis zum Forrenegg
7	Von Forrenegg bis Haggenbrücke
24	Vom Studenhüsli bis Bleichenwuhr links
6	Rechts beim Ruhbänkli (Gruppe)
242	Vom Bleichewuhr bis zum untern Steg bei der Bleiche, d. h. sämtliche in der eigentlichen Plazpromenade befindlichen und selbstgepflanzten

Vier Jahre später umfasste das vereinseigene Baumimperium bereits 970 Bäume. Stolz verkündete der Präsident im Jahresbericht: «Im Laufe des Sommers wurde die Promenade erfreulicher Weise viel benutzt von Kurgästen, von Kindermädchen mit ihren Chaischen [Kinderwägen], von hiesigen Kranken, die wieder genesen konnten, und von vielen solchen, die nach der [...] Arbeit hier gerne Ruhe und Erholung suchten und fanden.»[8] Nicht alle im Dorf teilten diese Freude, und manche störten sich sogar derart an den neuen Alleen, dass sie wiederholt mutwillig Bäume und Ruhebänkchen beschädigten. Diese nunmehr zweibeinigen Störenfriede warnte der Verein mit eindringlichen Schildern. Auch in den beiden Lokalzeitungen hob er den Mahnfinger.

Auch sonst ereignete sich rund um die Bäume Aufregendes. Am 2. Sonntag im April 1884 kam der Verein gerade noch mit dem Schrecken davon, als minderjährige Buben beim «Zöösle» das dürre Gras in der Bleichepromenade in Brand steckten. Nur mit Mühe konnte das Feuer wieder gelöscht werden. «Die Buben wurden vor Polizeiamt berufen und dort gehörig abgekanzelt und auch die Eltern derselben gewarnt.»[9] Um die Ruhe und Ordnung auf den Promenaden auch am Wochenende zu gewährleisten, stellte der Verein Arbeiter gegen ein kleines Trinkgeld als Sicherheitsdienst an. Neben den Sachbeschädigungen kämpfte der Kurverein wie sein Vorgänger gegen das Desinteresse seiner Mitglieder. Dieses war so ausgeprägt, dass sogar eine Hauptversammlung wegen mangelnder Teilnahme abgesagt werden musste. Offenbar sprang diese Teilnahmslosigkeit auch auf die Kommission über. 1883 notierte der Aktuar im Protokollbuch: «Wegen den immer von gleicher Schlaffheit begeisterten Mitgliedern wurde bis zur Amtsübertragung an Herrn Buchbinder Enzler kein Protokoll mehr geführt.»[10]

Trotz der sich ausbreitenden Lethargie war der Verein immer noch willens, Appenzell aus dem Dornröschenschlaf zu reissen und zum Aufschwung zu verhelfen. Die Kommission spielte mit dem Gedanken, Innerrhoden in die damals beliebte Reihe der «Europäischen Wanderbilder» aufnehmen zu lassen, die vom Orell Füssli Verlag in Zürich gedruckt wurde und in englischer und französischer Sprache erschien. Die Kommission scheute aber die damit verbundenen Kosten. Alles konnte man eben nicht aus eigener Kraft bewerkstelligen, und von der Bevölkerung war wenig Mithilfe zu erwarten, wie die Kommission 1888 bemerkte: «Vor allem aber ist Aufwachen aus der bisherigen Schlafsucht bei der Dorfbevölkerung – besonders bei Wirthen und Geschäftsleuten – erforderlich.»[11]

1889 gab es endlich einen Grund zum Feiern: Dem Verein war es gelungen, das Grundstück vor dem drei Jahre zuvor errichteten Bahnhof dem Frauenkloster Maria der Engel abzukaufen und in einen repräsentativen Park umzuwandeln – dem «schönsten und schattenreichsten Punkte des Dorfes»[12], wie die Kommission zehn Jahre später stolz verkündete. Die ganzen Verschönerungsmassnahmen hatten aber ihren Preis und rissen ein tiefes Loch in die Vereinskasse. So wich die Freude über den neuen Platz bald wieder dem allgemeinen Frust und Pessimismus. Die gegebenen Strukturen erwiesen sich schlicht als nicht tragfähig genug, und so trug die Kommission den Kurverein abermals zu Grabe. Die letzte Hauptversammlung des alten Vereins 1898 besuchten lediglich sechs Mitglieder, und der letzte Präsident Johann

Baptist Beat Kölbener (1850 – 1911) meinte verdrossen: «So grossartig war der Fremdenverkehr in Appenzell nie und wird es auch in Zukunfth nicht werden.»[13] Damit sollte er nicht recht behalten, denn die Hochblüte des Appenzeller Kurtourismus stand unmittelbar bevor.

Wie ein Phönix aus der Asche: Gründung des Kur- und Verkehrsvereins

Nach der Auflösung des Kurvereins entstand ein neuer Verein, der sich dem Tourismus verschrieb. Der ehemalige Präsident Johann Baptist Beat Kölbener lud am 12. April 1899 zur ersten Hauptversammlung und damit zur Gründung des «Kur- und Verkehrs-Vereins für Appenzell Innerrhoden» ein, der im vorliegenden Text der Einfachheit halber als «Verkehrsverein» bezeichnet wird. Kölbener würdigte in seiner Eröffnungsrede die Geschichte des Vorgängervereins und zeigte die Neuausrichtung des Verkehrsvereins auf. Dieser sollte nicht nur seinen Zuständigkeitsbereich vom Dorf Appenzell auf das ganze innere Land ausweiten, sondern sich zugleich am Vorbild der zahlreichen Verkehrsvereine orientieren, die ab den 1880er-Jahren in der ganzen Schweiz wie Pilze aus dem Boden geschossen waren. Dafür hatte der Präsident den Chef des offiziellen Verkehrsbüros von St. Gallen, Frédéric Haselbrink, zu einem Vortrag eingeladen. Der Verkehrsverein St. Gallen konnte damals bereits auf eine erfolgreiche neunjährige Tätigkeit zurückblicken und verfügte über 700 engagierte Mitglieder.

In seinem an der ersten Hauptversammlung gehaltenen Vortrag über die «Bedeutung der ostschweizerischen Fremdenindustrie für Appenzell I.R. und die Mittel zur Hebung und Förderung derselben»[14] ermahnte Haselbrink die Appenzellerinnen und Appenzeller zu Tatkräftigkeit: «[N]ur darf man nicht die Hände in den Schoss legen und glauben, es komme alles von selbst. Man muss vor allen Dingen den Reisenden eine bequeme Zufahrt erschaffen und muss ihnen den Aufenthalt im Lande selbst so angenehm als möglich machen. Das beste Mittel dies zu erreichen, sind Kur- und Verkehrsvereine.» Die Ratschläge des St. Galler Verkehrschefs geben Einblicke in die Ausrichtung der Verkehrsvereine. Anstelle von Bäumen und Plätzen standen für sie der Ausbau der Verkehrsinfrastruktur und des touristischen Angebots im Fokus. Ihre Aufgabe sei es, die Eisenbahnverbindungen und Strassen zu verbessern, Wegweiser und Wegmarkierungen aufzustellen und das Hotel- und Pensionswesen zu fördern. Dabei sei die Qualität des Gebotenen wichtig – speziell die von «Wein und Bier». Darüber hinaus solle für Unterhaltung gesorgt sein, damit die Gäste «Gelegenheit zu Musik und Tanz» bekämen. Zur Anlockung von Fremden und schweizerischen Landsleuten müsse die Gegend durch Führer, Plakate und Inserate bekannt gemacht werden. Ausserdem gehöre auch ein Verkehrsbüro dazu, das Auskunft erteilen könne «über die Gegend, über Hotels, Pensionen, über Eisenbahn- und Postverbindungen und über alle möglichen anderen Verhältnisse». Frédéric Haselbrink regte den Verein bei der Gründung dazu an, über eine «Säntisbahn», über «Appenzell als Winterkurort» sowie über die «Errichtung eines Sanatoriums für Lungenkranke» nachzudenken.[15]

8

Mit der Verantwortung für die Umsetzung all dieser grossen Ziele betraute die Mitgliederversammlung den ursprünglich aus Cham stammenden Arzt Emil Hildebrand (1868–1943). Er übernahm das Präsidium. Als Aktuar und Inhaber des Verkehrsbüros stellte sich der Zeugherr und ehemalige Wirt Josef Albert Ulrich Hautle (1841–1912) zur Verfügung. Ebenfalls wirkten in der Vereinskommission der ehemalige Kurvereinspräsident und Altkantonsrichter Johann Baptist Beat Kölbener (1850–1911) sowie die beiden Hoteldirektoren Johann Schmid-Seiler von Hitzkirch vom Kurhotel Weissbad und Andreas Vernier vom Kurhaus Gontenbad mit. Die neu formulierten Statuten hielten den Vereinszweck in zwei Teilen fest: Neben der «Forterhaltung der vom Kurverein übernommenen Anlagen und Neuerstellung von solchen [Promenaden und Plätzen]» standen zusätzlich die «Wahrung und Förderung der Fremden-Industrie (Kur- und Hotelwesen, sowie Touristenverkehr) und des Verkehrs überhaupt»[16] im Mittelpunkt. Gleichzeitig erfuhr der Verein durch die neue personelle Aufstellung und Struktur im Vergleich zu seinen Vorgängern eine deutliche Professionalisierung. Neben den grundlegenden Organen – der Generalversammlung, der aus fünf Mitgliedern bestehenden Kommission und der mit zwei Rechnungsrevisoren besetzten Kontrollstelle – kam als viertes Vereinsorgan das Verkehrsbüro hinzu. Das «Verkehrsbureau besorgt: a) die Erteilung von einschlägigen, im Vereinszweck gelegenen Informationen; b) die Korrespondenzen; c) die Insertionen und Publikationen jeder Art und hat dafür Preisermässigung zu erwirken; d) Erhebungen über die hiesige Fremdenfrequenz; e) die rege Verbindung mit andern entsprechenden Verkehrsvereinen»[17].

8
Briefkopf des Kur- und Verkehrsvereins Appenzell I.Rh. mit Illustration des Grafikers und Karikaturisten Carl Böckli (1889–1970), circa 1920.

Emil Hildebrand-Rusch (1868 – 1943)
Der erste Kurdirektor

Es war Liebe auf den ersten Blick, als der damals 27-jährige Medizinstudent Emil Hildebrand in seiner Funktion als Präsident des Schweizerischen Studentenvereins nach Appenzell kam, um am Studentenfest teilzunehmen. Dort verlor er sein Herz nicht nur an die Landammannstochter Wilhelmina Rusch (1879 – 1967), sondern auch an Appenzell, das er nur ein Jahr später zu seiner Wahlheimat machte. Er eröffnete 1896 eine Arztpraxis im Dorf und zog nach seiner Heirat 1898 in das vom Brautvater erworbene Haus am Landsgemeindeplatz an der Hauptgasse. Obwohl dieses 1982 abgerissen wurde, kann im Hotel Appenzell noch heute in der «Dr. Hildebrand Stube» mit Originaleinrichtung eingekehrt werden.

Arzt und Touristiker mit Leib und Seele

Der Arzt Emil Hildebrand praktizierte mit Leib und Seele. Bald schon genoss er weit über Appenzell hinaus einen guten Ruf. Er leistete aber nicht nur als Arzt Aussergewöhnliches, sondern setzte sich zudem für zahlreiche gesellschaftliche, wirtschaftliche und politische Belange ein. Ein grosses Interesse galt der Tourismusförderung in Appenzell Innerrhoden. Als erster Präsident des Kur- und Verkehrsvereins leitete er die Vereinsgeschicke während 43 Jahren. Keiner seiner Nachfolger blieb so lange im Amt. Er war der festen Überzeugung, dass der Tourismus für das Land und seine Bevölkerung von grosser Wichtigkeit sei, und versuchte auch stets die Einheimischen dazu zu bringen, ihren Beitrag zur Tourismusförderung zu leisten. Ab 1900 praktizierte Hildebrand als Kurarzt in den berühmten Kurhäusern Weissbad, Gontenbad und Jakobsbad und war während mehrerer Jahrzehnte im Verwaltungsrat des Kurhauses Weissbad. Als grosser Förderer der Verkehrserschliessung sass er ausserdem im Kreiseisenbahnrat der Schweizerischen Bundesbahnen sowie im Verwaltungsrat der Appenzeller Bahn. Ebenso war er Mitglied der Kommission des Schweizerischen Automobilclubs der Sektion St. Gallen-Appenzell und stolzer erster Automobilfahrer Innerrhodens: «Die älteren Generationen erinnern sich noch lebhaft, wie er mit seinem Elektromobil, dem ab und zu der Schnauf ausging, durchs Land fuhr und wie sein Wagen ohne Ross von Jung und Alt bestaunt wurde.»[18]

9

10

11

Fortschritt in Appenzell

Überhaupt lag ihm der technische Fortschritt am Herzen. Als Präsident der Feuerschaukommission setzte sich Emil Hildebrand für die Elektrifizierung Appenzells ein und kaufte die Alp Gätteri mit ihren überreichen Quellen, die noch heute die Trinkwasserversorgung Appenzells sichern. Er gehörte zu den ersten Fluggästen, die über den Alpstein flogen, und setzte sich mit viel Geld und Propaganda für eine elektrische Bahn nach Wasserauen ein. Auch am Ausbau des Krankenhauses Appenzell wirkte er mit, und ihm ist die erste Röntgenanlage von 1935 zu verdanken. Er gilt als Gründer des Samariterwesens und der Bergrettung in Innerrhoden, beteiligte sich an der Ausbildung von Krankenpflegerinnen und -pflegern und setzte positive Akzente in der Kinder- und Wöchnerinnenpflege. Dabei bemühte er sich nicht nur um die Heilung von Krankheiten, sondern auch um deren Vorbeugung. In diesem Sinne kämpfte er für die Verbesserung der Arbeitsbedingungen der Heimarbeiterinnen und hielt Vorträge zur Volksgesundheit.

12

Politische Karriere und tatkräftige Unterstützung

Als ob seine Ämterliste nicht schon lang genug wäre, war Emil Hildebrand auch in der Politik aktiv. Bei den Wahlen im Jahr 1903 schaffte er den Einzug in den Grossen Rat und wurde damit zugleich Mitglied des Bezirksrats Appenzell. Seine Mitmenschen beschrieben ihn als wortkarg. Wenn er sich während seiner 40-jährigen Amtszeit in den beiden Räten äusserte, dann waren es gewichtige Worte. Als Ratsmitglied genoss er trotz seiner zugerischen Andersartigkeit grossen Respekt.

Ein solcher Werdegang wäre wohl kaum zu bewerkstelligen gewesen, hätte ihn seine Ehefrau nicht tatkräftig unterstützt. Die Ehe blieb kinderlos. Anstatt im Dienst der Familie zu stehen, unterstützte Wilhelmina Hildebrand-Rusch ihren Mann in der Krankenpflege und in der Politik: «Manche politische Entscheidung für unser Ländchen wurde im Doktorhause getroffen»[19], wertschätzte der Verfasser ihres Nachrufs von 1967. Wilhelmina Hildebrand-Rusch überlebte ihren Mann um 24 Jahre. Emil Hildebrand starb am 21. November 1943, nachdem er fünf Wochen zuvor einen Schlaganfall erlitten hatte. Noch wenige Tage vor seinem Tod führte er «Blinddarm- und Bruchoperationen usw. so kunstgerecht und sicher aus, wie vor 30 Jahren»[20]. Die Trauer und Anteilnahme am Tod des Arztes war gross. Der «Appenzeller Volksfreund» ehrte ihn im ausführlichen Nachruf als «Wohltäter der Armen, Helfer der Kranken und Notleidenden»[21].

9
Porträtfoto auf der Leidkarte von Emil Hildebrand-Rusch, 1943.

10
Passfoto von Wilhelmina Hildebrand-Rusch, circa 1950.

11
Einladungskarte zur Hochzeitsfeier von Emil Hildebrand und Wilhelmina Rusch im Bad Gonten, 3. Mai 1898.

12
Beim Passagierflug um den Säntis war auch Emil Hildebrand (3. von rechts) in seiner Funktion als Ratsherr dabei, 13. August 1927.

Für die Propaganda zieht das Verkehrsbüro alle Register

Das Verkehrsbüro markiert die Geburtsstunde des modernen Standortmarketings für Innerrhoden. Mit dem Beitritt zum Schweizerischen Verband der Verkehrsvereine sicherte sich der Verkehrsverein Appenzell Innerrhoden den Zugang zu Massenversanddienstleistungen. Er nahm das Heft gleich in die Hand und lancierte ab 1899 drei Leuchtturmprojekte: einen illustrierten Fremdenführer für Innerrhoden, ein eigenes Fremdenblatt und eine neue Tourismusattraktion in Form eines ausgestellten Reliefs des Appenzellerlands.

Für den mehrsprachigen Fremdenführer engagierte der Verkehrsverein den hiesigen Realschullehrer Eduard Josef Lehner (1847 – 1910). Mit Glück schrammte der Verein bei der ersten Auflage an einem Totalausfall vorbei. Weil man das lokale Gewerbe fördern wollte, gab er den Fremdenführer bei der Druckerei des «Appenzeller Volksfreunds» in Auftrag. Dieses Erstlingswerk stand jedoch unter keinem guten Stern. Nicht nur zeitlich hatte sich der Verein verkalkuliert, sondern er unterschätzte auch die technischen Anforderungen an den Kunstdruck. So hiess es im Jahresbericht von 1899 bedauernd: «[D]ie Umsicht und vielseitige Bemühung der Druckerei konnte den Mangel an geeigneten Kunstdruckmaschinen nicht ersetzen. Infolge der vorgerückten, zu höchster Eile drängenden Zeit musste das Papier vor dem Eintreffen der Clichés bestellt werden; letztere erwiesen sich zum Teil als sehr mangelhaft, das eingetroffene Papier zeigte sich für den heiklen Druck als ungeeignet und so verunglückten leider fast sämtliche Bilder.»[22] Die Kommission liess sich aber nicht entmutigen und schrieb im ersten Jahresbericht, dass der Fremdenführer zwar «nicht schön, aber praktisch»[23] sei. Darin waren erstmals die wichtigsten Aussichtspunkte und Wanderwege verzeichnet. Die Nachfrage war so gross, dass der Verein insgesamt 5000 Exemplare absetzte. Ein Jahr später erschien in der Zollikoferschen Buchdruckerei in St. Gallen die zweite, verbesserte Auflage im Umfang von 15 000 Stück in deutscher und französischer Sprache. Diesmal kamen auch die farbigen Illustrationen zur Geltung: «Das hübsche Büchlein mit seinen prächtigen Illustrationen hat nicht nur die Einheimischen bezaubert, sondern auch auswärts alle Anerkennung gefunden und Blätter wie ‹Ostschweiz›, ‹Tagblatt›, ‹Stadtanzeiger›, ‹Neue Zürcher Zeitung›, ‹Basler Nachrichten›, ‹Luzerner Fremdenblatt› u.s.w. haben dasselbe mit den schmeichelhaftesten Ausdrücken bedacht.»[24]

An der Zusammenarbeit mit der Genossenschaftsdruckerei Appenzeller Volksfreund hielt der Verkehrsverein fest, und er liess dort sein neues «Fremdenblatt» produzieren. Dieses erschien wöchentlich während der Sommermonate, und die Druckerei sorgte dafür, dass es in zahlreichen Hotels und Restaurants auflag. Zusätzlich schaltete der Verein in verschiedenen Zeitungen der Schweiz und der Bodenseeregion Inserate. Doch die Schweiz allein reichte nicht. Die ganze Welt sollte von der Schönheit und Gastfreundschaft Innerrhodens erfahren. Die ideale Gelegenheit dazu ergab sich an der Weltausstellung in Paris im Jahr 1900. Die Eidgenossenschaft war mit einem 20 000 Quadratmeter grossen «Schweizer Dorf» vertreten, das eine der Hauptattraktionen darstellte. Der Verkehrsverein Appenzell Innerrhoden mietete eines der Ausstellungschalets und markierte Präsenz. Eine noch grössere und nach-

13
Die zweite Auflage des ersten bebilderten Reiseführers durch Appenzell Innerrhoden, herausgegeben vom Kur- und Verkehrsverein und gedruckt in der Zollikoferschen Buchdruckerei, St. Gallen, 1899.

Illustrierter Führer
durch
Appenzell I.-Rh.
CHROMOTYPIE DER ZOLLIKOFER'SCHEN BUCHDRUCKEREI, ST. GALLEN.

13

PARIS 1900
VILLAGE SUISSE
80, Avenue de SUFFREN
Prix d'Entrée 1 Fr

14

haltigere Aussenwirkung entfaltete aber die Werbeikone auf dem offiziellen Plakat des Schweizer Dorfs. Darauf grüsste eine Frau in der Innerrhoder Tracht die Gäste. Der Auftritt in Paris zeigte Wirkung: Das Appenzeller Verkehrsbüro bekam nicht nur Anfragen aus den Nachbarländern Deutschland, Österreich, Frankreich und Italien, sondern auch aus den Niederlanden, aus Grossbritannien, Belgien, Russland, Schweden, Spanien, Rumänien, Portugal, Griechenland und Nordamerika. So konnte sich beispielsweise die Kuranstalt Weissbad mit Herrn und Frau Stuart-Duncan aus London und das Hotel Löwen mit den Damen Amelie und Gothelda Meyer aus Göteborg als Gästen schmücken. Diese wurden in den «Fremdenlisten» präsentiert, die regelmässig vom Verkehrsverein im Fremdenblatt herausgegeben wurden. Je internationaler diese Liste ausfiel, desto renommierter das Gasthaus. Entsprechend freudig kündigten die Kur- und Gasthäuser die Ankunft neuer «Kuranten» in Appenzell jeweils an, indem sie ein Glöckchen läuteten.

14
Das Plakat für das «Schweizer Dorf», das anlässlich der Weltausstellung in Paris aufgebaut wurde, warb mit einer Frau in der Innerrhoder Tracht. Verlag Lemercier Paris, 1900.

Abonnements-Preis: Innert der ganzen Schweiz Fr. 1. — (bei der Post bestellt Fr. 1. 10), im Ausland Fr. 2. — Einzelne Nummern 10 Cts.

Gratis!

Nr. 1. — Saison 1900.

Appenzell (Schweiz), den 21. Juni 1900.

Insertions-Gebühr: Die 1spaltige Petitzeile oder deren Raum 15 Cts., im Wiederholungsfalle 10 Cts. Bei grössern Aufträgen Rabatt

Fremdenblatt für Appenzell I/Rh.

Das Fremdenblatt wird gratis gesandt in einer bestimmten Anzahl von Exemplaren an sämtliche Verkehrsbureaux und Fremdenplätze der Schweiz und des angrenzenden Auslandes, sowie an die appenzell. Kuranstalten und Gasthöfe, ferner einzeln unter Adresse an alle grösseren Hotels, Kuretablissements, Bahnhofrestaurants und an die HH. Aerzte der östlichen und mittleren Schweiz, sowie als offizielles Organ an die Mitglieder des Kur- und Verkehrsvereins für Appenzell I.-Rh. — **Ausserdem kann das Blatt abonniert werden.** — Erscheint während der Saison wöchentlich einmal (Donnerstag).

Zum Grusse!

Bescheiden, fast möchte ich sagen schüchtern versandte der junge Kur- und Verkehrsverein von Appenzell I.-Rh. vor einem Jahre zum erstenmale die „Fremdenliste". Ueberall fand das kleine Blättchen sympathische Herzen und namentlich draussen wurde es von all den alten Freunden des Appenzellerlandes lebhaft begrüsst und gelesen.

Heute, mein lieber Leser, besteht die kleine „Fremdenliste" nicht mehr. An ihrer Stelle kommt das gewiss einladendere „Fremdenblatt", um nah und fern den Willkommensgruss zu melden.

Auch dieses Jahr ist das kleine Ländchen am Fusse des Säntis wiederum bereit zum freundlichen Empfang seiner alten, immer wiederkehrenden Gäste und wir dürfen zuversichtlich hoffen, dass ihm mit den alten auch viele neue Freunde zugeführt werden.

Das Appenzellerland ist stets wieder schön und lieb. So einfach es ist, es birgt doch seltene Reize. Wo sind die gleichen Berge, die gleichen Thäler? Wo ist ein Völklein mit gleichen Sitten und Gebräuchen? Ist wohl jemand, der nicht diesem kleinen Flecken Sehweizerboden seine Bewunderung oder wenigstens sein Interesse zollen muss.

Den werten Lesern wird an der Spitze des Fremdenblattes ein einfaches Bild gezeigt vom Seealpsee, diesem Kleinod unserer Berge, vom Vater Säntis, vom Wildkirchlein, dessen seltene Pracht schon Scheffels Zunge besungen hat. Und in der Mitte sieht er eine Appenzellerin als Repräsentantin des Volkes, das sich charakterisiert in der treuen Bewahrung der so viel beschauten und auch bewunderten Landestracht. Es sind dieses aber nur einzelne Perlen aus dem Kranze des Schönen, das das Appenzellerland seinen Gästen bietet. Wie eigenartig schön das Appenzellerland aber auch ist, so ist es doch Thatsache, dass es über die Grenzen der Ostschweiz hinaus wenig oder doch viel zu wenig bekannt ist. Warum? Weil man den Fremden in frühern Jahren an Bequemlichkeit viel zu wenig geboten hat. Heute liegen aber die Verhältnisse ganz anders da. Es sind bessere Verkehrsverhältnisse geschaffen worden. Ich erinnere z. B. nur an den Anschluss unserer Appenzellerbahn an den Morgenschnellzug St. Gallen-Zürich, wodurch es ermöglicht ist, um 9 Uhr vormittags in Zürich zu sein. Ueberall, wie selten an einem andern Ort, ist das Telephonnetz erweitert und ergänzt worden; eine öffentliche Telephonstation in Appenzell mit Ganztagsdienst steht zur Verfügung; Wegverbesserungen und Wegmarkierungen, namentlich in den Bergen, Strassenbepflanzungen, Errichtung von Anlagen werden stetsfort angestrebt und ausgeführt. Der Kur- und Verkehrsverein hat ein beständiges Verkehrsbureau errichtet, woselbst über alle Verkehrsverhältnisse unentgeltlich Auskunft erteilt und Reklamationen entgegen genommen werden. Ein Fremdenblatt erscheint während der Saisonzeit. Reich illustrierte Führer werden verausgabt. Volksfeste mit spezifisch appenzellischem Charakter werden veranstaltet. Eine reichhaltige Altertumssammlung steht den Fremden offen und ein neuerrichtetes grosses Relief vom Appenzellerland und St. Gallen ladet zum Besuche ein. Neue Hotels und Pensionen entstehen, während die alten zum grössten Teil renoviert sind, und überall ist für gastliche Aufnahme und befriedigende Verpflegung vollauf gesorgt.

Wohl fehlt noch manches, bis hier eine Bequemlichkeit z. B. wie im Berneroberland geboten werden kann. Doch, es ist dieses auch nicht nötig. Es wäre sogar schade, wenn die eigenartige Schlichtigkeit des Appenzellerlandes, welche unser Ländchen dem Fremden gerade so lieb macht, unter allzu grossem Pomp und Lärm leiden müsste, so dass man auch von unserm Lande, wie von vielen andern, sonst gewiss schönen Schweizerlandschaften sagen müsste: Da ist alles abgelaufen, da mag ich nicht hin.

Das Appenzellerland ist ein möglichst günstiges Kurgebiet vermöge seiner natürlichen Anlage und seinen best eingerichteten Kurorten. Das Appenzellerland ist aber auch eines der dankbarsten Touristengebiete der Schweiz. Denn nicht umsonst haben nach statistischen Erhebungen des Verkehrsbureau letztes Jahr an einzelnen Tagen 2000 und mehr Personen im kleinen Appenzellerland verkehrt.

Wohlan denn, die Saison 1900 hat ihren Anfang genommen.

Seid alle, Ihr lieben Gäste, die Ihr bereits im Appenzellerlande eingekehrt oder noch einkehren werdet, von Herzen willkommen geheissen. Es sollen Euch frohe, glückliche Stunden, Tage, Wochen beschieden sein.

Appenzell, den 15. Juni 1900.

Im Namen des Kur- und Verkehrsverein:
Der Präsident.

Die tit. Gratisempfänger werden höflich gebeten, das Fremdenblatt für Appenzell I.-Rh. in Wart- und Lesezimmern aufzulegen und in Restaurationen, Cafés und Wirtschaften durch gut sichtbare Plazierung möglichst vielen Lesern zugänglich zu machen.

15

Top und Flop in der Werbung
Das Fremdenblatt und das Landesrelief

16

Am 4. Juli 1899 gab das Verkehrsbüro eine vierseitige «Fremdenliste für Appenzell I.Rh.» heraus. Doch warum nur Namen von Gästen publizieren, wo es so viel mehr über Innerrhoden zu berichten gäbe? Die zweite Ausgabe war bereits achtseitig, und ab dem 21. Juni 1900 erschien das neu benannte «Fremdenblatt für Appenzell I.Rh.» im Zeitungslayout.

Grosse Propaganda: Das Fremdenblatt

Mit dem St. Galler Journalisten August Steinmann fand der Verkehrsverein einen begabten Freiwilligen, der dem Format über 30 Jahre treu bleiben sollte. Bald lag das Fremdenblatt in allen regionalen Kuranstalten und Gasthöfen auf und fand Absatz in den Verkehrsbüros der Schweiz sowie in ausgewählten Schweizer Hotels, Bahnhofsrestaurants und Arztpraxen. Das Blättchen war auch bei Einheimischen beliebt, die es gern abonnierten. Es erschien wöchentlich zwischen dem 21. Juni und dem 13. September. Neben den Fremdenlisten und Inseraten enthielt es Informationen zu Geschichte und Traditionen von Appenzell Innerrhoden und präsentierte Wanderberichte.

Trotz viel Freiwilligenarbeit kostete die Produktion Geld. Umso mehr schmerzte es, dass den Gasthofbetreibenden die Unterstützung schwerfiel. So klagte die Kommission des Verkehrsvereins im Jahresbericht von 1904: «Es gibt immer noch Wirte, die ausschliesslich auf den Fremdenverkehr angewiesen sind und es nicht über sich bringen, ein Inserat, noch so klein, unserem Fremdenblatt anzuvertrauen, währenddem sie auswärts viele Franken in nutzlosen Zeitungen für Inserate auswerfen.»[25]

Der Erste Weltkrieg liess das Fremdenblatt von 1914 bis 1922 verstummen. Aufgrund der notorischen Geldsorgen verhandelte die Kommission nach dem Krieg mit den Verkehrsvereinen von Appenzell Ausserrhoden über eine Zusammenlegung der Fremdenblätter. Eine in der Bevölkerung nicht unumstrittene Angelegenheit, da die Angst vor dem Verlust der Unabhängigkeit gross war. Erst 1942 konnten sich die beiden Kantone zu einer gemeinsamen Werbepublikation durchringen, die unter dem Namen «Das Appenzellerland» erschien. Die Innerrhoder Kommission meinte daraufhin zuversichtlich: «Wo ein guter Wille ist, ist der Weg geebnet.»[26]

15
Titelbild des ersten vom Kur- und Verkehrsverein herausgegebenen Fremdenblatts, 1900.

16
Titelblatt des erneuerten Fremdenblatts mit Illustration einer Trachtenfrau, 1930er-Jahre. Das Layout des Fremdenblatts wurde über die Jahrzehnte immer wieder neu gestaltet.

17

Teurer Marketingflop: Der «Holzbunker»

Der Verkehrsverein war sich sicher, dass seine erste grosse Errungenschaft für Begeisterungsstürme sorgen würde. In Heiden kaufte er 1899 das vom späteren Regierungsrat Wilhelm Sonderegger (1862–1904) angefertigte, 8,5 mal 7 Meter grosse Landesrelief der beiden Appenzell im Massstab 1:5000. Reliefs waren im 19. Jahrhundert beliebte Ausstellungsstücke und ein Ausdruck der kartografischen Hochblüte. Das Landesrelief von Sonderegger machte erstmals die Topografie des Alpsteins räumlich erfahrbar. Eine technische Vorrichtung ermöglichte es, verschiedene Tageszeiten zu simulieren.

Um das Kunstwerk zu präsentieren, liess der Verkehrsverein ein Chalet im Bahnhofpärkli errichten. Dort konnten Besuchende gegen 50 Rappen Eintritt das Landesrelief betrachten. Weil es sich um einen öffentlich zugänglichen Ort handelte, liess die Kommission das Chalet gleich mit einer Telefonanlage ausstatten, um den Zustrom der Besuchenden anzuregen. Mit Kosten von rund 10 000 Franken handelte es sich um eine grosse Investition für den Verein. Weil die Kommission fürchtete, dass «ängstliche Seelen»[27] opponieren könnten, fand sie Privatpersonen, die für das Cha-

18

let bürgten. So konnte es am 1. Juli 1900 eröffnen. Das Fremdenblatt schwärmte vom «Appenzellerland im Kleinen»[28] und empfahl es Reisenden wie Einheimischen und Schulkindern gleichermassen.

Der erwartete Ansturm blieb aus. Der Verkehrsverein suchte die Schuld bald bei den Wirtsleuten, denen es angeblich «absolut nicht einfällt, die Fremden auf die Sehenswürdigkeiten Appenzells aufmerksam»[29] zu machen. Abhilfe schuf eine Ausstellungskooperation mit dem Verein der Handstickereiindustrie. Für sich allein entfaltete das Landesrelief jedoch nie genügend Strahlkraft. Es zerfiel und musste 1913 entsorgt werden.[30] Das Chalet diente nun als Verkehrsbüro, wo sich die Gäste über Ausflüge und alles Wissenswerte informieren konnten. Ebenfalls liess der Verkehrsverein ein kleines Lesezimmer samt Bibliothek einrichten und legte verschiedene internationale und lokale Zeitungen auf. Während des Zweiten Weltkriegs blieb das Chalet mehrheitlich geschlossen.

Über die Jahrzehnte nagte der Zahn der Zeit am Chalet, und es geriet in Misskredit. Im Dorf galt es als «Fremdkörper» und «Holzbunker»[31]. Der Verkehrsverein beschloss, das Chalet abzustossen und versteigerte es 1955 zum Abbruchpreis von 1610 Franken an den Appenzeller Brennstoffhändler Arnold Schneider.[32]

17
Bahnhofpärkli mit Eingangstafel zu den «Anlagen des Kurvereins», wo das Chalet mit dem Landesrelief stand, zwischen 1901 und 1905.

18
Eine Trachtenfrau empfing die Gäste vor dem Chalet, circa 1900.

Frühes Qualitätsmanagement: Statistiken und Bergführerpatente

Die durch das Verkehrsbüro ausgelöste Professionalisierung zeigte sich nicht nur an der Werbetätigkeit, sondern auch an der Datenerhebung. Seit etwa 1850 erlebte die Statistik in der Schweiz ihren Aufstieg. Das Ermitteln, Erfassen und Analysieren von Zahlenwerten gewann an Bedeutung und etablierte sich sowohl in den Staatsbetrieben als auch in den Verkehrsvereinen. 1899 schickte die Innerrhoder Vereinskommission mehrere Formulare an Hoteliers, Wirtsleute, Kutscher und Bergführer, um ihnen einerseits den Zweck des Verkehrsbüros zu erklären und andererseits Preise, Tarife, Bettenzahl und Raumverhältnisse aufzunehmen. Ab 1903 forderte der Verkehrsverein die Hotels auf, Fremdenbücher zu führen und die Anzahl Übernachtungen sowie die Herkunft der Gäste auszuweisen. 1910 wies die Statistik bereits 694 Fremdenbetten aus: Appenzell 113, Gonten 116, Steinegg 54, Weissbad 158, Schwende 442, Brülisau 61, Berghotels 160.[33]

Nicht nur die Hotels gerieten immer mehr in den Fokus des Vereins, sondern auch die lokalen Bergführer. Hier strebte der Verein eine Patentierungspflicht an, «da die Fremden auf den Bahnhöfen von sog. Bergführern von zweifelhafter Qualität förmlich überfallen werden»[34], wie die Kommission 1899 im Sitzungsprotokoll notierte. Die Regierung lehnte das Anliegen wiederholt ab, unter Verweis auf die Gewerbefreiheit. Der Verkehrsverein musste sich bis 1936 gedulden, ehe die erste Verordnung über das Bergführerwesen sowie einheitliche Tarife für das Alpsteingebiet in Kraft traten.[35] Um die Qualität dennoch zu verbessern, bot der Verkehrsverein ab 1904 Geografie- und Samariterkurse für Bergführer an. Die Samariterkurse leitete der Vereinspräsident und Arzt Emil Hildebrand höchstpersönlich. Damit schuf er einen Meilenstein in der Bergrettung von verunglückten Wandersleuten. Parallel dazu liess der Verein auch Orientierungstafeln und Wegweiser sowie Wegmarkierungen anbringen, womit er einen wesentlichen Beitrag zur Sicherheit im Gebirge leistete.

Fremde zerstören Blumen und verbreiten Seuchen

Die grosse Bergbegeisterung der fremden Gäste trug zwar zu einem wirtschaftlichen Aufschwung Appenzells bei, schuf aber gleichzeitig neue Herausforderungen und rief nicht zuletzt den Heimatschutz auf den Plan. Die wachsende Angst vor der Verschandelung der Landschaft infolge von Hotelbauten und der zunehmenden Erschliessung der Alpen führte immer wieder zu Kritik am Fremdenverkehr und sollte den Verkehrsverein fortan regelmässig beschäftigen. Bereits um die Jahrhundertwende startete er eine Kampagne gegen die mutwillige Zerstörung der Alpenflora. Die vielen Touristinnen und Touristen fielen in grosser Zahl über die heimischen Pflanzenarten her und pflückten Blüte um Blüte die Schönheiten des Appenzellerlands weg. Der Verkehrsverein ging bei dieser Unsitte auch von Unwissen aus: «Sodann soll gegen die vandalische Ausrottungswut gegen unsere herrlichen Alpenblumen namentlich der Alpenrosen und des Edelweiss angekämpft werden durch Erwirkung von Verboten und bessere Belehrung.»[36]

19

Nicht nur die selbstgepflückten Souvenirs waren ein Problem, sondern auch die Bergwandernden selbst stellten ein Risiko dar, wie das Beispiel vom Juli 1902 zeigt: Damals brach auf der Alp Furgglen die Maul- und Klauenseuche aus. Um eine Verbreitung der hochansteckenden Krankheit zu verhindern, sperrten die Behörden die umliegenden Wanderwege sofort ab. Mehrere Tageszeitungen berichteten aber, dass sich die Krankheit durch wandernde Touristinnen und Touristen immer mehr ausgebreitet habe und inzwischen das gesamte Gebiet zwischen dem Sämtiser- und Fählensee verseucht sei. Der Vorfall entwickelte sich zu einer veritablen PR-Krise. Der Chef des Verkehrsbüros, der die landesweite Medienberichterstattung genau im Auge behielt, sah den guten Ruf des Appenzellerlands bedroht und gab eine Richtigstellung heraus: «Da […] nach aussen vielfach der Verdacht wach wurde, die Viehseuche herrsche in unsern Bergen weit mehr, als bekannt gegeben werde, und es sei Gefahr der Verschleppung vorhanden, so finden wir uns veranlasst, offiziell mitzuteilen, dass sämtliche Bergwege vollständig frei sind […]. Jede Gefahr der Verschleppung durch Touristen ist ausgeschlossen.»[37]

19
Ansichtskarte der neuen Bahnstrecke der Strassenbahn St. Gallen – Gais – Appenzell, die über ein Viadukt führte, 1904.

Verkehrserschliessungen und Geldsorgen

Zwar konnten die Feriengäste bereits seit 1886 von St. Gallen Winkeln aus über Urnäsch nach Appenzell reisen, doch das «Gaiserbähnli» fuhr nur von St. Gallen nach Gais. Seit der Gründung hatte sich deshalb der Verkehrsverein bei den Behörden vehement für eine Weiterführung der Bahn von Gais nach Appenzell stark gemacht. Die Appenzeller-Strassenbahn-Gesellschaft hatte bereits am 1. Oktober 1889 die Strecke St. Gallen – Gais als Mischung aus Adhäsions- und Zahnradbahn eröffnet. Erst 1903 entstanden konkrete Pläne zur Weiterführung nach Appenzell, und diese gefielen dem Verkehrsverein gar nicht. Vorgesehen war ein Bahnbau auf zehn Meter hohen Dämmen über die Talmulde der Sitter zur Einfahrt nach Appenzell. Dieser «moderne Festungswall»[38] führte in den Augen der Kommission zu einer Verunstaltung der Landschaft, und deshalb sammelte sie bei ihren Mitgliedern und Gleichgesinnten fleissig Unterschriften gegen das Vorhaben – mit Erfolg. Die Appenzeller-Strassenbahn-Gesellschaft baute stattdessen zwei ansehnliche Brücken und ein Viadukt. Daran konnte sich auch der Verkehrsverein erfreuen, der für die Eröffnung der Strecke Gais – Appenzell am 30. Juni 1904 eine grosse Feier mit Musik organisierte und eine mehrseitige Festzeitung herausgab.

Trotz solcher Meilensteine plagten den Verein notorische Geldsorgen, und er bemühte sich vermehrt um Subventionen von Behörden und Korporationen. Sehnsüchtig blickte die Kommission jeweils nach Ausserrhoden, wo die Verkehrsvereine auf einem finanziell wesentlich sichereren Fundament standen. Gerade die Werbemassnahmen waren teuer. Sie brachten zwar mehr Gäste nach Innerrhoden, aber nicht automatisch mehr zahlungswillige Mitglieder.

Für die Misere machte die Kommission abermals die einheimische Bevölkerung verantwortlich, die sich nach wie vor zu wenig beteilige. Die Widerstände und das Unverständnis in der Bevölkerung müssen gross gewesen sein, denn Präsident Emil Hildebrand und weitere Kommissionsmitglieder wollten am liebsten bereits 1902 wieder aus dem Vorstand austreten. Nur dem altgedienten Kassier Johann Baptist Beat Kölbener, der bereits dem Kurverein vorgestanden hatte, erfüllte die Mitgliederversammlung den Wunsch nach Demission, alle anderen blieben durch einstimmige Wiederwahl an ihre Pflichten gebunden. 1902 konnte das Verkehrsbüro dank der Unterstützung des Schweizerischen Verbands der Verkehrsvereine einen illustrierten Text in einem englischsprachigen Reiseführer abdrucken, der nach Amerika geschickt wurde. Als Motive wählte der Verein die meteorologische Station Säntis, das Wildkirchli und eine Trachtenfrau.

Vereinsfinanzen sanieren: Das erste Trachtenfest von 1904

Die Trachtenfrau stand auch im Zentrum einer neuen Vermarktungsstrategie: Der Verein beschloss, am 7. August 1904 erstmals ein grosses Appenzeller Trachtenfest abzuhalten. Das Vorhaben weckte sofort das Interesse der Medienschaffenden, und die «Neue Zürcher Zeitung» schrieb im Vorfeld zum Fest: «Die Tracht der Innerrhödler hat sich bekanntlich unter allen schweizerischen Volkstrachten noch am reinsten

20

und am allgemeinsten erhalten. Sie ist zugleich auch eine der reizendsten und farbenprächtigsten und die Mädchen Innerrhodens zählen mit ihren feinen Gesichtern auch nicht zu den letzten.»[39]

Am Umzug selbst waren nur Appenzeller Trachten zugelassen. Rund 400 Personen in 20 Gruppen nahmen daran teil, und sie repräsentierten gemeinsam einen volkstümlichen Querschnitt des Appenzellerlands. Neben den verschiedenen Hochzeits-, Alltags- und Festtagstrachten waren auch Bergsteigende, Reisende zu Pferd, Fischer, die Schuljugend und die Sennen zu sehen. Sogar der Grosse Rat marschierte mit, flankiert von den traditionell in Schwarz und Weiss gekleideten Burschen, die stolz die Standesfahnen trugen. Der ganze Tross versammelte sich schliesslich auf dem Festplatz in Appenzell, wo der Freudentag mit Musik und Tanz sowie Festspielen den Höhepunkt erreichte. Während die Männer des Verkehrsvereins mit ihrem Organisationstalent auftrumpften, sorgten deren Frauen dafür, dass die ganze Veranstaltung zu einem kommerziellen Erfolg wurde: Sie führten im Hotel Löwen einen grossen Bazar zugunsten des Verkehrsvereins durch. Die angebotenen Produkte fanden reissenden Absatz, und der Gewinn war so hoch, dass die Finanzen auf einen Streich saniert waren.[40] Von da an stellten Trachtenfeste und andere Grossveranstaltungen ein wichtiges Instrument im touristischen Repertoire des Vereins dar. «Es war ein ächtes urwüchsiges fröhliches Volksfest, durch keinen Misston getrübt»[41], hiess es daraufhin in der Zeitung, was aber nicht ganz stimmte. Für einige der rund 10 000 Gäste endete die Feier mit einer langen Wanderung zurück in die Heimat, weil die Züge und Hotels hoffnungslos überfüllt waren.

20
Geschmückter Wagen mit Trachtengruppe am ersten vom Kur- und Verkehrsverein organisierten Trachtenfest, Appenzell, 1904.

21

21
Kinder und Jugendliche in Innerrhoder Festtagstrachten am Trachtenfest. Fotografie Emil Manser (1874–1930), Appenzell, 1910.

Dieser Erfolg konnte jedoch nicht über die zunehmenden Spannungen im Verein hinwegtäuschen. Die Lage spitzte sich bis zur Hauptversammlung 1910 zu, und Hildebrand «der in uneigennütziger Weise einem Verein vorsteht, dessen Lohn schwarzer Undank ist [...], wünscht in entschiedenster Weise Entlassung als Präsident»[42]. Und wie reagierte die Mitgliederversammlung? Sie wählte ihn einstimmig wieder, und Hildebrand musste das ihm abermals auferlegte Amt erneut akzeptieren.

Erfolglose Badeanstalt, unwillige Wirtsleute und überlastete Infrastruktur

Der Verkehrsverein führte die Wegmarkierungen und Baumpflanzungen tapfer weiter und kämpfte zusätzlich an mehreren Fronten: So forderte er bereits 1906 die Schaffung einer Badeanstalt, wofür er von der Korporation Forren Boden zugesprochen erhielt und eine Geldsammlung veranstaltete. Das Projekt wurde jedoch nie realisiert, und bis zur Eröffnung des «Volksbads Forren» sollte es noch mehr als 30 Jahre dauern.

Der Verein setzte sich ausserdem bei der Standeskommission energisch, wenngleich erfolglos gegen die Rodung von uralten Tannen am Seealpsee ein und schlug sich gleichzeitig immer noch mit den wiederholt auftretenden Sachbeschädigungen herum. Die Warnungen und Belehrungen richteten sich nun vermehrt an die Dorfjugend und deren Erziehungsberechtigte. Im Juni 1910 beispielsweise mussten «Burschen eingeklagt werden, die die Tafel für Witterungsberichte bei Herrn Conditor Dörig diesen Sommer demoliert haben»[43].

Aber nicht nur Vandalismus bereitete dem Verein Sorgen, sondern auch Nachlässigkeit im Gastgewerbe. Im Verkehrsbüro hatten sich Klagen über mangelnde Ordnung und Qualität der Speisen und Getränke gehäuft, was die Kommission zu einer öffentlichen Schelte verleitete: «Leider wollen einige unserer Wirte diesen unanfechtbaren Grundsatz der Prosperität eines Geschäfts immer noch nicht begreifen. Sie schaden damit sich selbst und sie schaden aber auch der Allgemeinheit, dem Rufe unseres Landes als Kurlandschaft.»[44] Die Konkurrenz war gross, und in der Saison 1911/12 wirteten nur die Bergwirtschaften erfolgreich, während die Kurhäuser unter einer Hitzewelle litten, sodass die Kurgäste in die höhergelegenen Orte flüchteten: «Wir fanden ihre Namen in den Kurlisten des Bündneroberlandes und so kam es, dass die höchst gelegenen Kurorte kolossal von Fremden überflutet waren, während unsere Kurorte – und das gleiche Schicksal teilten ähnliche Geschäfte in Appenzell A.Rh. und St. Gallen – nie mit überfüllten Häusern arbeiteten.»[45] Noch stärker zum Verhängnis wurde den Appenzeller Hotels die voralpine Lage während des Winters, denn wegen Schneemangels kamen weder «bleibende Gäste noch wandernde Sportsfreunde»[46].

Trotz dieser gemeinsamen Nöte waren die Wirtsleute offensichtlich nicht bereit, mit anderen Personen ihrer Berufsgruppe zusammenzuarbeiten oder in ein gemeinsames Reklamewesen zu investieren. Die Wirtshausbetreibenden stellten eine grosse Interessengruppe innerhalb des Verkehrsvereins dar. Sie waren aber nicht die einzigen, und sie drohten mit ihren spezifischen Anliegen und Problemen, den gegebenen Rahmen zu sprengen. Deshalb bot die Kommission 1909 Hand zur Gründung eines Wirtevereins. So sollte «in gewissen Fragen getrennt, in der Hauptsache aber vereint»[47] gearbeitet werden. Diese hehren Absichten scheiterten, und der Wirteverein löste sich bereits 1913 wieder auf. Die Tatsache, dass das nicht unerhebliche Vereinsvermögen zwecks Reklamezwecke an den Verkehrsverein ging, half diesem einstweilen etwas über den Verlust hinweg. Erst 1928 wurde wieder ein Wirteverein im Handelsregister eingetragen.

Der Verkehrsverein sah hingegen mit Freude, wie mehrere Bahnen entstanden und die Reise ins Appenzellerland erleichterten. Nach der Weiterführung der Appenzeller Strassenbahn von Gais nach Appenzell erfolgte 1911 durch den Bau der Altstätten-Gais-Bahn der Anschluss an das St. Galler Rheintal. Damit gewann der Tourismus auch mehr Kundschaft aus dem Vorarlberg und dem Tirol. Die elektrische Säntisbahn führte schliesslich ab dem 12. Juli 1912 von Appenzell nach Wasserauen und beabsichtigte eine Weiterführung in drei weiteren Bauschritten über die Seealp und die Meglisalp bis auf den Säntis, die jedoch nie zustande kam.

Eine ausgebaute Bahninfrastruktur war bitter nötig: Allein zur Nationalfeier vom 1. August 1912 mit gleichzeitig stattfindendem Schwingfest beförderte die Appenzeller Bahn in 28 Zügen rund 9500 Personen nach Appenzell. Selbst durch die Fensteröffnungen kletterten die Leute in die Wagen. Auch die Appenzeller Strassenbahn beförderte in 37 Zügen mit je sieben Wagen um die 8000 Personen. Die Bahn zwischen Altstätten und Gais hatte den grössten Andrang von Fahrgästen seit ihrem Bestehen zu bewältigen, und die Angestellten wussten sich nicht mehr anders zu helfen, als Viehwagen anzuhängen und mit Menschen zu füllen. Diese Massnahme führte zu einer derartigen Überlastung des Rollmaterials, dass zwei der Lokomotiven ausfielen. Nicht weniger als 22 000 Gäste tummelten sich an jenem Festwochenende in Appenzell.[48]

Unter dem Eindruck des steten Besuchendenwachstums machte sich im Verkehrsverein Aufbruchstimmung breit. Die Kommission wollte hoch hinaus und vereinbarte am 25. Mai 1914 mit dem bekannten französischen Sturzflieger Etienne Poulet (1890 – 1960) eine Flugschau ab Wasserauen über den Säntis. Weil der Franzose die Innerrhoder kurzfristig versetzte, kam als Ersatzmann der Berner Pilot Oskar Bider (1891–1919) zum Zug. Er hatte 1913 mit seiner Alpenüberquerung Schweizer Aviatikgeschichte geschrieben. Am 21. Juni 1914 flog er in mehreren Etappen von Bern über St. Gallen bis zum Alpstein und landete wohlbehalten in Wasserauen.[49]

Statt weitere touristische und technische Höhenflüge zu erleben, versank die Welt wenige Wochen später im Krieg und versetzte der Glanzzeit des Tourismus ein gewaltsames Ende.

22

22
Der Pilot Oskar Bider flog bei der ersten Alpentraversierung über das Jungfraujoch. Fotografie Swissair, 1913.

Trinkkuren und heilende Bäder für die feine Gesellschaft

Die Gründung des Kur- und Verkehrsvereins Appenzell war eine Reaktion auf den blühenden Kurtourismus, der während der Belle Époque von 1890 bis zum Ausbruch des Ersten Weltkriegs 1914 seinen Höhepunkt erreichte. Reiche Gäste reisten ins Appenzellerland, um sich bei mehrwöchigen Bade- und Trinkkuren von Krankheiten zu heilen oder von der Stadtluft zu erholen.

Ganzheitliche Kur mit Bergkulisse

Die wohl berühmtesten Kurhäuser in Weissbad, Jakobsbad und Gontenbad empfingen Kurgäste aus der Schweiz und aus Deutschland, vereinzelt aus ganz Europa. Die Kuren dienten nach dem zeitgenössischen Medizinverständnis der Erholung von Leib und Seele. Den Therapieerfolg garantierten zusätzlich das Einatmen frischer Luft, gute Ernährung, Bewegung und Zerstreuung. Die Kurhäuser boten deshalb auch geführte

23

23
Das Kurhaus Gontenbad warb mit seiner reichhaltigen Eisenquelle und dem Anschluss an die Appenzeller Bahn. Illustration des St. Galler Grafikers Philipp Arlen (1876–1944), circa 1900.

WEISSBAD
APPENZELL
(Schweiz)
Wirthschaft z. Seealp
Wildkirchli
820 Meter über Meer
KURANSTALT, TOURISTEN-PLATZ
GROSSE PARKANLAGEN
herrliche, ruhige, staubfreie Lage
PROSPEKTE GRATIS
WEISSBAD-SEEALP 2 Stunden
Romanshorn
Wyl
Rorschach
St. Gallen
St. Margrethen
Herisau
Appenzell
Weissbad
Seealp
LITH. WALTER MARTY, HERISAU & ST. GALLEN

24

25

24
Werbeplakat für Weissbad mit der Kuranstalt im Vordergrund und den Ausflugszielen Seealpsee und Wildkirchli im Hintergrund. Lithografische Anstalt Walter Marty, Herisau & St. Gallen, circa 1900.

25
Kurhaus Weissbad mit Tennisplatz im Vordergrund und Badeanstalt Glandenstein im Hintergrund links. Grafik und Druck von Frobenius AG, Basel, circa 1930.

Touren im Alpstein und Spaziergänge auf den Promenaden an. Konversationszimmer und Bibliotheken sorgten für geistige Zerstreuung, das Kurorchester für musikalische Seelennahrung.

Kurhaus Gontenbad

Das Gontenbad gilt als das älteste Heilbad im Appenzellerland. Bereits 1597 wird es als «Gonterbad» erstmals schriftlich erwähnt.[50] Zwischen 1740 und 1850 gab es dort zusätzlich zu den Heilbädern Molken- und Trinkkuren im Angebot. Wichtige Neuerungen im Gastbetrieb stellten 1882 die Einrichtung einer Telefonverbindung von Gontenbad bis Jakobsbad dar sowie 1886 die Eröffnung der Bahnstation Gontenbad. Um 1900 beherbergte das Gontenbad in der Hochsaison bis zu 90 Kurgäste.[51] Bade-, Trink-, Molken- und Terrainkuren waren gleichermassen im Angebot wie Hydrotherapie, Eisen- und Solebäder, Fangopackungen, Massagen und elektrische Behandlungen. Zur Unterhaltung stand den Kurgästen eine Kegelbahn zur Verfügung, und in der «Konzerthalle in modernem Chaletstil»[52] konnte ab 1902 Musik genossen werden. Ausserdem erfreute sich das Tafelgetränk «Gontenbadwasser» besonderer Beliebtheit.

Kurhaus Weissbad

Zum Weissbad ist im 18. Jahrhundert eine bescheidene Badehütte dokumentiert. Wie alle Kurhotels erlebte auch das Weissbad zwischen 1890 und 1914 seine Hochblüte. In dieser Zeit baute Hoteldirektor Inauen den einfachen Molken- und Wasserkurort zu

26

einem Grosshotel im Stil der Palacehotels der berühmten Schweizer Kurorte um. Das Kurhaus warb nicht nur mit seinen Luft-, Bade- und Molkenkuren, sondern betonte auch die «gute Küche mit stets vorrätigen lebenden Forellen»[53] aus dem Weissbach, und die erlesenen Weine waren ein Aushängeschild. Schon um 1898 verfügte das Kurhaus über Wasserklosetts, und 1905 kam das elektrische Licht hinzu. Eine besondere Attraktion bildete die 1903 erstellte Neuanlage einer Gartenterrasse, die Platz für 250 Personen bot, sowie der 1907 eingerichtete erste Tennisplatz im Appenzellerland. Ab 1905 fuhren Postkutschen mehrmals täglich von Appenzell nach Weissbad, bevor diese 1912 von der Säntisbahn abgelöst wurden. Das Kurhaus Weissbad war wohl das luxuriöseste Kurhaus in Appenzell Innerrhoden. Berühmte Leute gingen ein und aus, wie der preussische Generalfeldmarschall Graf Helmuth von Moltke (1800–1891), der Schweizer Geologe und Gletscherforscher Prof. Dr. Albert Heim (1849–1937), Bundesrat Dr. Johannes Baumann (1874–1953) sowie die Familie des Grafen Ferdinand von Zeppelin (1838–1917), des Erfinders der Luftschiffe.[54]

26
In der ersten Ausgabe des Fremdenblatts (hinten) lockten verschiedene Kurhäuser, wie das Kurhaus Weissbad (Ausschnitt vorne), mit ihren Angeboten. Der Verkehrsverein warb für das Landesrelief und die Telefonanlage in seinem Chalet, 1900.

27
Ansichtskarte von der Kuranstalt Jakobsbad mit handschriftlicher Grusszeile. Verlag H. Metz, Tübingen, circa 1900.

27

Kurhaus Jakobsbad

Das Kurhaus Jakobsbad verdankt seine Existenz einem Zufallsfund. Bei Strassenbauten stiess man 1843 zwischen Gonten und Urnäsch auf eine eisenhaltige Quelle. Der Besitzer der in Stechlenegg gelegenen Rohrersmühle, Franz Josef Anton Fässler, witterte Erfolg, schliesslich war auch das Gontenbad durch seine Mineralquelle berühmt geworden. Die Untersuchung des Wassers durch den Arzt Gabriel Rüsch (1794–1856) zeigte, dass es ähnliche Eigenschaften aufwies wie die Quelle beim Gontenbad und somit «zu den erdigen Eisenwassern»[55] gehörte. Fässler stellte seinen Müllereibetrieb ein und errichtete stattdessen eine Bade- und Molkenkuranstalt. Das 1845 erbaute Kurhaus St. Jakobsbad bestand zusammen mit dem Badehaus aus zwei zusammenhängenden Häusern. Diese verfügten über «14 heitere Badzimmer mit 33 sogenannten Ventilbädern, in welche man das Wasser mittelst eines Druckes nach Belieben kalt oder warm vom Boden aus einfliessen lässt»[56], zwei Gaststuben und 45 komfortable Hotelzimmer. Die Glocke im Türmchen rief die Gäste jeweils zur Tafel oder zum Molketrinken. Die Molke aus Kuh- und Ziegenmilch stammte von der eigenen Alp. Neben Duschen und Dampf-, Molken-, Sole-, Kleie-, Waldameisen- und Fichtennadelbädern pries der Hoteldirektor auch «schattige Promenaden, Tannenwälder, schöne Ausflüge und Gebirgstouren»[57] an.

Not macht erfinderisch

Wie der Verein die beiden Weltkriege überstand

Die Kriegsjahre und die Zwischenkriegszeit zeigen, wie stark der Tourismus in Appenzell Innerrhoden von der weltpolitischen Lage und der Weltwirtschaft abhing. Der Erste Weltkrieg stellte eine Zäsur dar und beendete die Hochblüte des Kurtourismus abrupt. In der Zwischenkriegszeit investierte der Verkehrsverein mit neuem Elan in den Wintersport sowie in die Erstellung von Badeanstalten. Auch die Plakatwerbung nahm in den 1930er-Jahren Fahrt auf. Die Gäste kamen nun vermehrt aus der Mittelschicht, und es reisten immer mehr Familien nach Appenzell, was eine neue soziale Dynamik mit sich brachte. Das Automobil setzte zum Siegeszug an, und die verkehrspolitischen Anliegen des Vereins verlagerten sich immer mehr von der Schiene auf die Strasse. Die unsichere politische Lage führte zu einem Aufflammen nationaler Gefühle. Der Verkehrsverein engagierte sich für den Schutz der heimischen Architektur und Traditionen und setzte sich aktiv für den Erhalt der einheimischen Trachten ein. Während des Zweiten Weltkriegs stand der Innerrhoder Tourismus im Schweizer Vergleich erstaunlich gut da – im Gegensatz zum Ersten Weltkrieg.

Wenn Träume platzen: Der Erste Weltkrieg als Zäsur

Unmittelbar nach dem Kriegsausbruch von 1914 leerten sich die Kurhäuser und Gastbetriebe. Kriegsbedingt verschlechterte sich die allgemeine Wirtschaftslage, die Löhne sanken, die Wechselkurse stiegen, ebenso die Bahnpreise. Verkehrseinschränkungen und neue bürokratische Hürden erschwerten zudem die Einreise. Ans Reisen war für viele nicht mehr zu denken. Die Zahl der Gäste brach im Vergleich zu den Vorjahren auf einen Drittel ein, und der Verkehrsverein schrieb rote Zahlen, da die finanzielle Unterstützung aus der Bevölkerung infolge der Wirtschaftskrise wegfiel. Grosse Projekte wie die bereits 1906 diskutierte Errichtung einer Badeanstalt, die Erstellung einer Eisbahn und die Erschliessung des Gebiets für den Wintersport konnten aus finanziellen Gründen nicht weiterverfolgt werden. Gleichermassen war der Verein gezwungen, sowohl die Wegmarkierungen, die Baumpflanzungen und die Strassenbauten zu sistieren.

1915 musste die Kasse mit 500 Franken aus dem Trachtenfestfonds aufgebessert werden. Als 1918 der Krieg endete, veranstalteten die Musikgesellschaft und der Männerchor Harmonie Appenzell ein Friedens- und Promenadenfest «zu Ehren der fremden Gäste und Einheimischen»[58]. Zögerlich füllten sich die Kurhäuser wieder mit zivilen Erholungsgästen, während die Berggasthäuser und Wirtschaften noch unter den Folgen des Kriegs litten.

28

Mittels Kurtaxen und Trachtenfest durch die Zwischenkriegszeit

Die finanzielle Lage blieb 1919 dermassen angespannt, dass die Wirtsleute dem Verkehrsverein einen Beitrag von 1.50 Franken pro Bett entrichten mussten. Aufgrund der Teuerung sah sich der Verein darüber hinaus gezwungen, einen Minimalpensionspreis von 7.50 Franken pro Tag und Person als Stützungsmassnahme für den Tourismus festzusetzen. 1920 führte die Kommission zudem erstmals eine Kurtaxe zur Sanierung der Finanzen ein, und zwar 20 Rappen pro Tag und Übernachtungsgast.[59] Der Kassier trieb diese von Juni bis September persönlich bei den Hotels ein. Offenbar hatte der Verein aber trotz Geldsorgen ein schlechtes Gewissen, weshalb er in den jeweiligen Kuretablissements Unterhaltungsabende veranstaltete und dafür eine grössere Jodlergruppe engagierte. Dies sollte den Gästen eine Dienstleistung für die erhobene Kurtaxe sein.[60]

Erst nach diesen Sanierungsmassnahmen stabilisierten sich die Vereinsfinanzen ein wenig und der Verein konnte einige seiner stillgelegten Projekte wieder in Angriff nehmen. Beispielsweise führte die Kommission mithilfe des Schweizer Alpen-

29

28
Die Kurtaxenmarken des Kur- und Verkehrsvereins Appenzell Innerrhoden konnten die Gäste in ihre Kurkarten einkleben, um von gewissen Verbilligungen zu profitieren. Undatiert.

29
Das Appenzeller Trachtenfest war jeweils ein Grossereignis, 1920.

Clubs systematische Wegmarkierungen durch. Die Einnahmen flossen jedoch nach wie vor spärlich, und auch der Tourismusstrom blieb infolge der Geldentwertung zunächst aus. Vor allem klagte die Kommission über fehlende Mittel für ausreichende Propaganda. So meinte sie 1927 beispielweise im Jahresbericht bissig: «Warum fehlt Appenzell? Warum handelt unser Verkehrsverein nicht wie unsere Nachbaren, die mit der Zeit Schritt gehalten? Warum gibt der Verkehrsverein kein originelles, nach dem Appenzellerland einladendes Plakat heraus? Warum finden wir keine eigene Verkehrskarte unseres Gebietes? Warum fehlt noch so vieles? Warum?? Es fehlt am Gelde, es fehlt an der Mitarbeit aller unserer werten Bürger, denn, wo kein Opfer – da kein Erfolg! Also, treue Zusammenarbeit jeder Branche, Zusammenarbeit aller Bürger! Vereinte Kraft macht stark. Alles zur Ehre und zur Förderung der Interessen unseres Ländchens!»[61]

Die mangelnden finanziellen Möglichkeiten für eine effektive Werbung plagten den Verein die ganzen 1920er-Jahre hindurch. Trotzdem wollte man mit der Zeit gehen und beauftragte 1919 die Schweizerische Filmgesellschaft damit, Appenzell filmisch in Szene zu setzen. So flimmerte der Kurzfilm «Das malerische Appenzell» über rund 2400 amerikanische Kinoleinwände.[62] Noch mehr Wirkung erhoffte sich der Verein durch Winteraufnahmen vom Säntis. Solche Werbemassnahmen waren aber nur möglich, weil er mit den Verkehrsvereinen in Appenzell Ausserrhoden zusammenarbeitete und sich die Kosten teilte. Dennoch wuchs das Loch in der Kasse unaufhaltsam, und so veranstaltete der Verein in den Jahren 1920 und 1924 wieder grosse Trachtenfeste in Appenzell. Ohnehin wurde die Festkultur zu einem wichtigen Bestandteil der Fremdenverkehrsförderung. Mit einem Reingewinn von 4500 Franken waren erneut alle Finanzsorgen vorübergehend getilgt.[63] Gleichzeitig war sich der Verkehrsverein bewusst, dass er nicht zu häufig zum Mittel des Trachtenfests greifen konnte, denn dies war nicht ohne Risiko. Bei schlechtem Wetter drohte ein schwer zu verkraftender Verlust. 1928 nahm der Verein seine Mitglieder stärker in die Pflicht und erhöhte den Mitgliederbeitrag von drei auf vier Franken.[64]

Die Goldenen Zwanziger bringen die Hinwendung zur Heimatpflege

Ganz im Sinne des Heimatstils, der in der Schweiz nach dem Ersten Weltkrieg erneut aufflammte, setzte sich der Verkehrsverein vermehrt dafür ein, die Eigenart in der Bauart der Wohnhäuser und Kirchen zu bewahren. Daher übernahm er Aufgaben im Bereich des Landschafts- und Heimatschutzes. 1921 richtete die Kommission ein Schreiben an die Regierung, sie möge «den Verkauf von Alpenblumen gänzlich verbieten»[65]. Gleichzeitig kümmerte sich ein vom Verkehrsverein engagierter Gärtner neu um eine Blumendekoration der Dorfbrunnen, und auch die Hausfassaden erhielten Blumenschmuck. Um die Einheimischen dazu zu motivieren, sich bei der allgemeinen Dorfverschönerung zu beteiligen, prämierte der Verein die schönsten Häuserdekorationen in Appenzell. Die Idee dazu hatte die Kommission von Vorarlberg übernommen. Die Hausfassaden erhielten ihren farbenfrohen Anstrich erst ab 1931, als Johannes Hugentobler (1897–1955) im Auftrag seines Schwagers Hans Dobler die Löwen-Drogerie in der Hauptgasse bemalte. Bis in die 1950er-Jahre folg-

30

ten nach anfänglicher Skepsis auch weitere Hausbesitzer diesem Beispiel und beauftragten Hugentobler als Maler.[66]

Neben der Dorfverschönerung lag dem Verkehrsverein auch der Heimatschutz am Herzen, und so erwarb er in den 1920er-Jahren vermehrt Appenzeller Trachten, um sie vor der Vernichtung zu bewahren. Schon während einer Trachtenausstellung im Rathaussaal anlässlich der Tagung des Schweizerischen Heimatschutzes im Jahr 1909 hatte der Verein auf den drohenden Verlust dieses kostbaren Kulturguts hingewiesen: «Die Ausstellung hat gezeigt, dass noch recht viele Trachtenstücke aus älteren Tagen in hiesigem Privatbesitz vorhanden sind, um die es jammerschade wäre, wenn sie vertrödelt würden.»[67] Damals träumte die Kommission sogar von einem Nationalmuseum für Trachten auf dem Platz Appenzell. «Das sind Attraktionen erster Güte für Fremde!»[68] Doch aus dem Vorhaben wurde nichts, dafür stellte der Verein die Trachten im Chalet aus.

30
Trachtenpaar vor Seealpsee und Bergkulisse, undatiert.

Das Baden erhitzt die Gemüter

Ende der 1920er-Jahre konnte Appenzell Innerrhoden endlich mit einer Badeanstalt auftrumpfen. Emil Hildebrand hätte sich eigentlich schon um 1900 ein Volksbad gewünscht, das sowohl Gästen wie auch Einheimischen zur Verfügung stand. Die ersten Badeanstalten in der Ostschweiz entstanden in der Mitte des 19. Jahrhunderts.

Ein Volksbad geht bachab

Nach seiner Wahl zum Präsidenten des 1899 gegründeten Kur- und Verkehrsvereins griff Emil Hildebrand das Thema gleich an der ersten Hauptversammlung auf. Die Schaffung einer öffentlichen Badeanstalt sei schon lange ein Bedürfnis und infolge der wachsenden Bevölkerung ein notwendiges Vorhaben. Er verhandelte mit der Korporation Forren, die 1906 zur Errichtung eines Volksbads Boden zur Verfügung stellte, dort, wo heute das Schwimmbad Appenzell steht. Um Geld zu sammeln, veranstaltete er eine Lotterie. Zusätzlich schrieb Hildebrand 1907 Unterstützungsgesuche an die Landesschulkommission und weitere Behörden: Die natürlichen Badeplätze seien meist unzugänglich und nicht allen angenehm. Die Jugend solle die Chance haben, «die schöne Kunst des Schwimmens»[69] zu erlernen, und auch die Feriengäste würden die Bademöglichkeit begrüssen. Ausserdem sollte im Winter das Eislaufen auf dem gefrorenen Wasser möglich sein. Realisiert wurde die Badeanstalt nie. Über die Gründe schweigen sich die Quellen aus. In den Vereinsprotokollen taucht das Thema nach 1907 nicht mehr auf.

Glandenstein: Ein Badesee für alle

Der Samen war jedoch gesät. Es bedurfte nun einer privaten Initiative, um die Idee umzusetzen. Der Kurdirektor Friedrich Hermann Grunewald und der Verwaltungsrat der Kurhaus Weissbad AG – zu dessen Mitgliedern auch Emil Hildebrand zählte – prüften 1928 die Frage «betreffend die Erstellung eines kleinen Stausees von zirka 5000 m^2 im Glandenstein»[70], wie der «Appenzeller Volksfreund» informierte. Schon im Sommer 1929 eröffnete das vom Wissbach gespiesene Bad, und auch Gondelfahrten waren möglich. Gemäss Badeordnung stand das Bad primär den Hotelgästen zur

Kurhaus Weissbad. Strandbad.

31

2872. Hotel Kurhaus Weissbad. Alpines Schwimm u. Strandbad, Winter: Eisring 5000 m²

32

33

34

31
Das Strandbad Glandenstein beim Kurhaus Weissbad mit Spielplatz und Umkleidekabinen. Ansichtskarte Foto Gross, St. Gallen, circa 1930.

32
Im Schwimm- und Strandbad Glandenstein badeten die Gäste geschlechtergemischt. Ansichtskarte Foto Gross, St. Gallen, circa 1930.

33
Das Volksbad Forren öffnete 1939 seine Tore. Fotografie, circa 1940.

34
Das Freibad Forren mit Sprungturm. Fotografie Emil Grubenmann (1906 – 1979), Appenzell, circa 1970.

Verfügung.[71] Lediglich während je einer Stunde pro Tag durften auch die Innerrhoder Frauen und Männer darin baden. Während die Hotelgäste das Bad gemischt benutzen durften, herrschte für die Einheimischen strikte Geschlechtertrennung. Das gemischte Hotelbad war in Appenzell Innerrhoden pionierhaft und sollte in den nachfolgenden Jahren für viel Sprengstoff sorgen.

Das Gemeinschaftsbad bedroht die sittliche Ordnung

In kirchlichen und politischen Kreisen entbrannten hitzige Debatten über Sitte und Moral beim gemeinsamen Baden. Die Mehrheit der Grossräte schloss sich der Meinung der Landesgeistlichkeit an, die vor sittlicher Entartung und Unzucht warnte. In der Standeskommission überwogen hingegen wirtschaftliche Überlegungen. Man wollte den Kurgästen den gemeinsamen Badebetrieb nicht absprechen und appellierte auch an den Zeitgeist. Wieder musste sich Emil Hildebrand, dieses Mal als Ratsherr, für das Badewesen in Innerrhoden einsetzen. Aus seiner Sicht als Kurarzt erwähnte er die wichtige Rolle von Licht und Luft für die Gesundheit des Menschen. Eine Geschlechtertrennung läge nicht im Interesse der Gäste und würde für den Kurtourismus grosse Einbussen bedeuten, denn es sei unvertretbar, wenn Familien zum Baden getrennt würden.[72]

Hildebrands Einwände verhallten jedoch. Die Mehrheit der Regierung folgte der Geistlichkeit und setzte am 31. März 1930 die «Verordnung über das Baden» in Kraft, welche das geschlechtergemischte Baden an allen Plätzen verbot.[73] Diese kantonale Badeverordnung war einmalig in der Schweiz. Die Kurhaus Weissbad AG liess den Affront nicht auf sich sitzen und reichte staatsrechtliche Beschwerde beim Bundesgericht ein, das eine Ausnahmeregelung für privat betriebene Bäder gewährte.[74] Gebadet wurde im Glandenstein geschlechtergemischt bis 1960, als die in die Jahre gekommene Badeanstalt geschlossen wurde.

«Des Wassers Kraft Gesundheit schafft!» Das Volksbad Forren

1937 bildete sich ein neues Initiativkomitee, das unter dem Motto «Des Wassers Kraft Gesundheit schafft!» für eine Badeanstalt warb. Die Geschlechtertrennung setzte das Komitee diesmal als Selbstverständlichkeit voraus. Im Frühling 1938 sprach sich die Bezirksgemeinde Appenzell für den Bau und Betrieb eines Volksbads aus. Dessen Finanzierung sicherten Beiträge von öffentlichen Gemeinwesen und Institutionen sowie Kantons- und Bundesbeiträge. Als Bauplatz diente das Gebiet auf der Forren, welches schon 1906 vorgesehen war. Mit seiner Eisenbetonkonstruktion reihte sich das 1939 eröffnete Volksbad Forren in den Schwimmbadbau der damaligen Zeit ein. Ähnliche Schwimmbäder in der Region waren 1930 in Gais, 1932 in Heiden, 1933 in Teufen und in Gossau sowie 1934 in Walzenhausen entstanden. Die Geschlechtertrennung behielt das Schwimmbad bis 1968 bei.[75]

35

Der Siegeszug des Automobils

Nach dem Ersten Weltkrieg verlagerte sich der Personenverkehr zunehmend von der Schiene auf die Strasse. Während die Automobile an der Wende zum 20. Jahrhundert noch ausgesprochene Luxusgüter waren, wurden sie nach dem Ersten Weltkrieg auch für die obere Mittelschicht erschwinglich. Der Strassenverkehr nahm in der Folge rasant zu. Die Sonntagsausfahrt mit Picknick kam in Mode, aber mit dem Siegeszug des Automobils stieg auch die Zahl der Verkehrsunfälle sprunghaft an.

Die vielen Unfälle hatten damit zu tun, dass die Strasse damals noch ein gemeinsam genutzter Raum war, auf dem sich Tiere, Fuhrwerke, Kutschen, Automobile, Lastwagen, Velos und Fussgängerinnen und Fussgänger gleichermassen bewegten. Die lauten und viel schnelleren Autos stellten eine Überforderung für die übrigen Verkehrsteilnehmenden dar. Schon bald herrschte in der Schweiz eine ausgeprägte Automobilistenfeindlichkeit, und es standen weitreichende Verbote zur Diskussion. 1919 rief der Automobilclub Sektion St. Gallen-Appenzell, in dem auch der Verkehrsdirektor Emil Hildebrand führend war, seine Mitglieder zu mehr Rücksicht auf und drohte ihnen bei Übertretungen mit Strafbestimmungen wie einer Polizeianzeige oder einem Fahrbewilligungsentzug.[76]

35
Reisegruppe in Autobus von Emil Brander, Herisau, auf dem Landsgemeindeplatz. Fotografie Egon Müller (1885 – 1950), Appenzell, circa 1920er-Jahre.

jetzt ins
APPENZELLERLAND
zu Fuß
ins
APPENZELLERLAN
APPENZELLER BAHN
per Bahn
per Auto

36

Der Verkehrsverein setzte sich seinerseits bei der Standeskommission für den Strassenausbau und die Verbesserung der bestehenden Infrastruktur ein. Probleme wie die Staubplage auf den nicht asphaltierten Strassen, überhöhte Geschwindigkeit, Lärm und Verkehrsgefährdung mussten gelöst werden, denn sie führten bei Einheimischen und Kurgästen wiederholt zu Klagen.

Sonntagsfahrverbot und Kampf gegen Staubplage

1923 gelangte der Verkehrsverein mit einer Eingabe an die Standeskommission, die ein Autofahrverbot am Sonntag von 12 bis 18 Uhr vorsah.[77] Solche Verbote kannten damals die meisten Kantone. Der Vereinsvorstand hatte aber seine Rechnung ohne den Wirt gemacht und musste sich vor etlichen Protestschreiben der Hotelbesitzenden und Wirtsleute ducken, die einen Nachteil für ihr Gewerbe befürchteten. Tatsächlich hätte das Verbot vor allem Feriengäste eingeschränkt, denn in Appenzell Innerrhoden waren bei einer Bevölkerungszahl von etwas über 13 000 Personen lediglich 13 Automobile und 12 Motorräder registriert.[78] Nachdem der Verkehrsverein mit dem Sonntagsfahrverbot gescheitert war, versuchte er zu beschwichtigen. So reagierte er auf Klagen wegen starken Autoverkehrs im Schwendetal ermahnend, da «ein zu schroffes Vorgehen gegen die Automobilisten nur Schaden für alle Gegenden bringt und ein Boykott besonders die Interessenten zu stark berühren würde»[79].

1921 übertrugen die Schweizer Stimmbürger die Verantwortung für den Strassenverkehr auf den Bund, der die unterschiedlichen kantonalen Verkehrsregeln vereinheitlichte. Appenzell Innerrhoden und weitere Kleinkantone stimmten entschieden gegen den «Bundesbeschluss zum Automobil- und Fahrradverkehr». Im Nachhinein profitierten sie aber davon, denn durch die neue Kompetenzverteilung wurden die Kantone und Gemeinden bei der Strassenfinanzierung durch den Bund entlastet. Dringend erforderliche Teerungen, Verbreiterungen und weitere Strassenbauprojekte konnten vorangetrieben werden.

Diese Entwicklung war bedeutend für den Tourismus, da das Automobil und der steigende Autobusverkehr neue Vorteile brachten. So profitierte Innerrhoden in den 1920er-Jahren von internationalen Tagungen in St. Gallen. Zum Rahmenprogramm gehörten oft Ausflüge nach Gais, Appenzell und Weissbad. Allerdings gaben die schlechten Strassenverhältnisse immer wieder Anlass zu Beschwerden. Aufgrund der Staubplage auf den nicht asphaltierten Innerrhoder Strassen boykottierten viele Fahrerinnen und Fahrer die Region und unternahmen ihre Ausflüge lieber nach Vorarlberg. Diskussionen rund um Verkehrsregeln, Strassen und Parkplätze waren fortan wiederkehrende Traktanden des Verkehrsvereins.

36
Mit seinem Prospekt «Jetzt ins Appenzellerland» lockte der Kur- und Verkehrsverein Appenzell Innerrhoden nicht nur Wandergäste und Bahnreisende, sondern auch Autofahrende an, circa 1950.

Börsencrash und «Zug ins Blaue»

Die Goldenen Zwanziger endeten 1929 mit dem New Yorker Börsencrash. Die Folgen der Weltwirtschaftskrise trafen den Tourismus hart, und auch die Innerrhoder Betriebe litten. Im Jahresbericht von 1931 zeichnete der Vereinsvorstand ein dunkles Bild:

37

38

«Die andauernd ungünstigen wirtschaftlichen Verhältnisse der ganzen Welt bringen fast täglich unangenehme Überraschungen und so stehen wir immer noch vor einer dunklen Zukunft! Geldentwertungen, Ausreisegebühren und weitere Massnahmen der Staaten, die nicht gerade als freundnachbarlich bezeichnet werden können, haben auf gewisse Fremdenplätze bereits ruinierend gewirkt! Unsere Schweizerkurorte sind auf die fremden Gäste angewiesen und unsere Hotelerie hat sich im Laufe der Jahre auch Weltruf erobert! Das Nationalgefühl, das durch die kritische Weltlage in den verschiedenen Ländern wachgerufen wurde und so viele Leute veranlasste, die Ferien im eigenen Lande zu verbringen, hatte auch auf unser Kurgebiet seine Wirkung und mancher Gast, der sonst am Fusse des Alpsteins seine Erholungstage zubrachte, ist ausgeblieben.»[80]

Aber Not macht erfinderisch, und der Verkehrsverein blieb nicht untätig. Anfang der 1930er-Jahre konzentrierte er sich auf die Förderung des Wintertourismus und investierte stark in diesen Sektor. In der Badeanstalt Glandenstein beim Kurhaus Weissbad, die im Sommer 1929 eröffnet wurde, entstand 1930 zum ersten Mal eine Eisbahn. Gemeinsam mit dem Skiclub Appenzell markierte der Verkehrsverein Skiabfahrten im Gebiet Fähnern, Sämtisersee, Schäfler und Kronberg und gab im November 1930 erstmals einen Winterprospekt mit einer Pistenkarte heraus. Zudem konnten die Bergstrassen von Kau, Gonten, Meistersrüte und Brülisau als Rodelbah-

37
Skispringen bei der Sprungschanze Freudenberg. Ansichtskarte Foto Gross, St. Gallen, circa 1932.

38
Skispringwettkampf in den 1970er-Jahren. Fotografie Emil Zeller (1931–2008), Appenzell.

39
Der Prospekt der Schweizerischen Privatbahnen zeigt die elektrische Appenzeller Bahn auf dem Viadukt über den Kaubach bei Appenzell. Verkehrs-Propaganda AG, Zürich, 1933.

nen genutzt werden. Der Skiclub Appenzell veranstaltete 1932 zum ersten Mal einen Sprungwettkampf von der neu erstellten Sprungschanze am Freudenberg oberhalb von Appenzell.

Am 29. Januar 1933 gelang dem Verkehrsbüro gemeinsam mit dem Zürcher Warenhaus Jelmoli ein Marketingcoup: «Der Zug ins Blaue». Das Warenhaus rief Sportbegeisterte auf, sich beim Hauptbahnhof in Zürich zu versammeln und in einen Extrazug einzusteigen – mit unbekannter Destination. Die Zürcher Presse rätselte über Tage, wohin die geheimnisvolle Reise wohl führen würde und platzte fast vor Neugierde, zumal dem Verwaltungsrat von Jelmoli kein Hinweis zu entlocken war. Die Gäste waren sichtlich vergnügt, wie die Neue Zürcher Zeitung am 3. Februar 1933 schrieb: «Die Fröhlichkeit der Reisegemeinde [...] steigerte sich zu einer leichten Kabarett-Stimmung, als man die altväterisch-gemütlichen Wagen der Appenzeller-Bahn bestieg, in welchen die Reisenden noch eigenhändig für das Feuer im Ofen sorgen können (ach, mit der immer höher rückenden Elektrifikation der A.B. wird auch diese Sehenswürdigkeit ins Museum verschwinden!).»[81] Die Musikgesellschaft Appenzell begrüsste die Ankömmlinge klangvoll, während die Skiführer ihre Zürcher Schäfchen zusammentrieben und die Dorfjugend sich derweil über den gesponserten Gabentempel von Jelmoli hermachte. Sogar die Regierung zog mit und lockerte das Tanzverbot, damit die Gäste gemeinsam mit der Jodelgruppe auch nachmittags noch feiern durften. Den ganzen Tag herrschte Dorffeststimmung.

Schweizerische Privatbahnen
Les Chemins de fer privés suisses
Frühjahrs-Nummer 1933
Appenzeller-Bahn
elektrisch
APPENZELLER BAHN
APPENZELLER BAHN

39

Wintersportort Appenzell
Ein liebgewonnenes Sorgenkind

Appenzell soll Wintersportort werden, propagierte der St. Galler Verkehrsdirektor Frédéric Haselbrink 1899 an der Gründungsversammlung des Kur- und Verkehrsvereins Appenzell.[82] Dieser konzentrierte sich aber die ersten Jahre auf den Sommer als Hauptsaison. 1905 machte die Vereinskommission schliesslich Nägel mit Köpfen und liess sich vom Skiclub St. Gallen in der Sache beraten. Der Alpstein sei «für den Wintersport günstig»[83] und klimatisch gut geeignet, da er im Winter meist nebelfrei sei.

Skikurse und einfache Bretter

1906 folgte der Nachweis der Wintersporttauglichkeit im Gelände, als der Skiclub den ersten Skikurs im Weissbad durchführte, an dem «auch mehrere einheimische Teilnehmer», darunter «zwei Bergführer», teilnahmen.[84] Auch die Alpbesitzer trugen den neuen Sport mit und händigten dem Skiclub die Schlüssel für die Alphütten Fählen, Sämtis und Furgglen aus, die fortan den Skifahrerinnen und Skifahrern während der Wintersaison zur Verfügung standen. Eine wichtige Rolle in der Förderung des Skisports spielte der Direktor des Kurhauses Weissbad, Karl Höhn. Er organisierte im Januar 1906 einen Skikurs für seine Gäste, wofür er die zwei norwegischen Studenten Leif Berg und Thorleif Björnstad aus Oslo engagierte, die ihre Skitechnik im Auftrag des Schweizerischen Skiverbands in der ganzen Schweiz verbreiteten. Höhn liess wiederholt Skikurse für die Hotelgäste durchführen und war Ende 1909 Mitgründer des Skiclubs Appenzell.[85]

Der Skisport begeisterte Kurgäste und Einheimische gleichermassen, wie der Verkehrsverein 1906 erfreut festhielt: «Aber auch unsere einheimische Bevölkerung scheint bereits schon Wohlgefallen an diesem neuen Sport zu finden. Unsere Brülisauer und Schwarzenegger Buben fahren schon ganz tapfer Ski und wenn es auch ganz einfache Instrumente sind, die sie dazu dienstbar machen.»[86] Zu einem richtigen Wintersportort gehörte auch eine Eisbahn. Damit wollte es aber nicht so recht klappen. 1906 scheiterte der erste Versuch beim sogenannten Bleicheherz, und auch am Alternativstandort bei der Brauerei Locher machten die Witterungsbedingungen dem Vorhaben einen Strich durch die Rechnung.

40

Als grosser Spielverderber für den Wintersportort Appenzell erwiesen sich die mangelhaften Schneeverhältnisse. 1910 kam der Verkehrsverein im Jahresbericht zur ernüchternden Erkenntnis, «dass wir bezüglich Wintersport es nie auf einen recht grünen Zweig bringen werden, denn wir liegen mit unserm voralpinen Punkt etwa 3–400 Meter zu niedrig, um wirklich lohnenden Wintersport zu treiben.»[87] Trotz dieser ungünstigen Voraussetzung wollte der Verkehrsverein sein Sorgenkind nicht aufgeben und versuchte weiterhin, mit der Konkurrenz Schritt zu halten. So gab die Kommission bei der Firma Walter Marti in Herisau ein Winterplakat mit einem Kunstbild von Conrad Bühler (1887–1963) in Auftrag. Weil aber offenbar doch leise Zweifel bestanden, führte die Kommission gemeinsam mit dem Skiclub Appenzell 1912 eine Umfrage durch bezüglich «Ski-Bahnen, Eisbahn im Seealpsee, Anlage einer Rodelbahn»[88]. Der Erste Weltkrieg setzte diesen Plänen ein jähes Ende. Nicht aber dem Skifahren.

Die Armee fördert das Skifahren

Während des Ersten Weltkriegs setzte die Schweizer Armee vermehrt Skier als Fortbewegungsmittel ein und trug damit zur Popularisierung des Skifahrens bei. Die steigende Beliebtheit dieses Sports liess die Idee, Innerrhoden als Wintersportort zu etablieren, wieder aufflammen. Der Verkehrsverein wollte den «Zauber unserer Bergwelt im Winterkleide»[88] in aller Welt bekannt machen. Der zugefrorene Badesee Glandenstein beim Kurhaus Weissbad ermöglichte ab 1930 das Schlittschuhfahren. Die führenden Hotels investierten ebenfalls und liessen Zentralheizungen einbauen, damit sich die Gäste im Winter wohlfühlten. Doch die hartnäckigen Bemühungen und hohen Investitionen sowie die eifrige Vermarktung Innerrhodens als Wintersportort konnte

40
Skitour des Skiclubs Appenzell zum Chräzerli mit Rast bei der Egghütte. Fotografie Skiclub Appenzell, 1920.

41
Ski- und Schlittelplausch der Kollegischüler beim Kollegium St. Antonius Appenzell. Fotografie Jacob Müller, 1909.

42
Schlittelspass in Appenzell, circa 1910.

43
Frühes Wintersportplakat mit Bobfahrern, 1901.

44
Das Wintersportplakat warb fürs Skifahren bei Schnee und Sonne im Appenzellerland. Künstler Ernst Emil Schlatter, Verlag J. C. Müller, Zürich, 1940.

41

42

43

APPENZELLERLAND
SONNE
SCHNEE
E. E. Schlatter 1940
BIRT
SCHWÄGALP
GÄBRIS ALPSTEINGEBIET KAIEN

44

45

nichts daran ändern, dass Appenzell die gleiche Höhenlage besass wie vor dem Ersten Weltkrieg und wiederholt unter Schneemangel und schlechtem Wetter litt. Innerrhoden konnte nicht mit den höher gelegenen Wintersportorten mithalten, gab das Vorhaben aber nicht auf.

Appenzell im Wettkampffieber

1931 fanden in Mürren die ersten alpinen Skiweltmeisterschaften statt. In der Schweiz brach ein regelrechtes Wettkampffieber aus. Der Appenzeller Verkehrsverein liess sich davon anstecken und sah darin eine neue Chance für seinen Wintersportort. Der Skiclub Appenzell führte ebenfalls im Winter 1931 das erste Schäfler-Abfahrtsrennen durch.[90] Ab 1935 mischte auch der Skiclub Weissbad-Brülisau im Wintersportbusiness mit und organisierte das Säntis-Sommer-Skirennen vom Säntis bis zur Meglisalp, das bis 1977 bestand.[91] Doch Skirennen reichten noch nicht. 1932 erstellte der Skiclub Appenzell eine Sprungschanze auf dem Freudenberg, wozu der Verkehrsverein 500 Franken beisteuerte.[92] Beim Bau der Sprungschanze ging es vor allem darum, im Vergleich zur Konkurrenz nicht zurückzustehen, wie aus einem Kommissionsprotokoll von 1931 hervorgeht: «Bereits haben verschiedene Gemeinden von Appenzell Ausserrhoden solche Sprungschanzen und so ist auch Appenzell gezwungen zur Hebung des Wintersportes kräftig einzuleiten, oder dann heisst es zusehen, wie benachbarte Orte uns die Sportleute wegnehmen.»[93]

45
Eisläuferinnen und Eisläufer auf dem zugefrorenen See Glandenstein. Fotografie Emil Manser, Appenzell, circa 1930.

46
Winterprospekt des Kurhauses Weissbad mit Eisläuferin, circa 1940.

Weissbad
am Säntis
Hotel Kurhaus
WEISSBAD A.-G.
Sonne
Sport
Erholung

46

Die Ferien werden sozialer

Bezüglich Ferien zeichnete sich in der Zwischenkriegszeit eine neue Entwicklung ab, die vom Kurtourismus der reichen Oberschicht wegführte und auch Reisen für weniger privilegierte Gäste ermöglichte. Aufgrund des neu aufflammenden Nationalismus und der zunehmenden politischen Spannungen machte die Bevölkerung zudem vermehrt Ferien im eigenen Land. So blieben die deutschen und österreichischen Reisenden mehrheitlich aus, während öfter Gäste aus anderen Schweizer Kantonen wie Zürich, Thurgau, Basel und Bern das Appenzellerland für sich entdeckten. Der Verkehrsverein schrieb 1931 im Jahresbericht über die neuen Gäste: «Mancher Kurant, mancher Tourist war erstaunt über den Reiz unseres kleinen Kurgebietes [...]. Manchem war das Appenzellerland bis dato unbekannt.»[94] Neben Hotels und Gasthöfen kam eine neue Übernachtungsart auf: Ferienwohnungen und Ferienzimmer. Sie waren deutlich günstiger und boten eine grosse Flexibilität. Diese Form der Unterbringung beflügelte auch das heimische Gewerbe, denn im Gegensatz zu den Kurgästen versorgten sich die Bewohnenden von Ferienwohnungen wie auch die Tagestouristinnen und -touristen direkt im Dorf.

Um die Aufmerksamkeit der Gäste nicht zu verlieren, musste der Verkehrsverein das Wirken der Konkurrenz stets im Auge behalten. Besonders eine Destination drohte Appenzell immer wieder den Rang abzulaufen: «Das Toggenburg bedeutet für unser Kurgebiet heute eine nicht zu unterschätzende Konkurrenz, die uns veranlassen muss, betr. Propaganda eher mehr als weniger zu leisten.»[95] Der Verein nahm sich seinen eigenen Rat zu Herzen und sattelte neben der Kino- und Zeitungswerbung auf neue Formate um. In den 1930er-Jahren erlebte die Plakatwerbung ihre Blütezeit. Die bunten Grossplakate erhielten eine grosse Aufmerksamkeit, waren aber kostspielig. Ohnehin war der Verkehrsverein für die Finanzierung der Werbemittel immer wieder auf Kooperationen angewiesen, vor allem mit den Verkehrsvereinen von Appenzell Ausserrhoden sowie mit verschiedenen Bahngesellschaften. Mit vereinten Kräften konnte sich das Appenzellerland auf einem Grossplakat an über 116 Schweizer Bahnhöfen präsentieren. Ebenfalls entdeckte der Verein das Radio als neues Werbemedium für sich und veranstaltete den ersten «Appenzeller-Radiotag»[96]. Die verstärkte Werbung kam nicht ohne Grund, denn der Verein sah sich mit neuen Akteuren konfrontiert: Die jungen Reiseunternehmen Kuoni und Hotelplan mischten die Reisebranche gehörig auf.

Mit «All Inclusive» und neuen Bergbahnen die Winterflaute überwinden

1935 lancierte das damals frisch aus der Migros-Genossenschaft hervorgegangene Reiseunternehmen Hotelplan die sogenannten «Hopla-Ferien». Es handelte sich dabei um die schweizweit ersten Pauschalarrangements für Ferien in verschiedenen Bergdestinationen. Dank günstiger Preise war dieses Angebot besonders für mittelständische Einzelreisende, Paare und Familien interessant, die ein bisher kaum bewirtschaftetes Kundschaftssegment darstellten und ein gewaltiges wirtschaftliches Potenzial hatten. Sofort sprang Innerrhoden auf diesen Zug auf und lancierte noch im gleichen Jahr den «Aplaplan» respektive die «Apla-Ferien» (Appenzellerland-Ferien).[97] Damit kopierte der Verkehrsverein sowohl die inhaltliche Idee von Hotelplan als auch die Namensbezeichnung. Durch dieses Pauschalangebot sollte vor allem die deutlich schwächere Wintersaison gestärkt werden. Im siebentägigen Aufenthalt zu 55 bis 65 Franken war alles inbegriffen: ein sechstägiges Generalabonnement auf den Strecken der Appenzeller Bahn und der Appenzell-Wasserauen-Bahn, der freie Eintritt auf der Eisbahn Weissbad und sechs Mittagessen in einem Restaurant freier Wahl.[98] Dennoch zeigten die «Apla-Ferien» nicht den gewünschten Erfolg. Die schlechte Witterung und die politisch gedrückte Lage führten 1937 dazu, dass der Verkehrsverein das Produkt wieder absetzte.

Gleichzeitig bemühte sich Innerrhoden um eine weitere Erschliessung der Berggebiete für den Wintersport. Die Projekte standen jedoch unter keinem guten Stern. Zu einem 1937 entworfenen Sessellift von der Seealp auf die Meglisalp reichte der Verein bei der Regierung eine schriftliche Ablehnung ein, da dieser «die idyllische Seealp in einen Autopark und Rummelplatz verschandeln würde»[99]. Hingegen befürwortete die Kommission das Gegenprojekt eines Personenaufzugs von Wasserauen auf den Schäfler, da dieser für den Wintersport vielversprechend war. Keines der Projekte wurde jedoch realisiert, und die 1938 projektierte Seilbahn von Wasserauen auf die Ebenalp blieb noch über zwei Jahrzehnte bloss eine Idee.

Als einzige Bergbahn kam 1935 die Schwebebahn von der Schwägalp auf den Säntis zustande, und dies ausgerechnet auf Ausserrhoder Boden. Der nahende Zweite Weltkrieg bremste nicht nur den Verkehrsausbau, sondern auch den Tourismus. Die im September 1939 erfolgte Generalmobilmachung brachte den Saisonbetrieb vollends zum Erliegen. Innert weniger Tage waren die Hotels und Kurhäuser entvölkert.

47

48

49

47
Plakat «besucht das Appenzellerland», herausgegeben vom Kur- und Verkehrsverein Appenzell Innerrhoden und dem Verband Appenzell Ausserrhodischer Verkehrsvereine. Künstler Arnold Bosshard, Verlag O. Hagmann & Söhne, St. Gallen, 1933.

48
Plakat der Appenzeller Verkehrsvereine mit Bub auf Ziege. Künstler Edmund Welf (1915 – 1993), Verlag Gebrüder Fretz AG, Zürich, 1947.

49
Plakat «Hopla Ferien – Feriengenuss im Überfluss». Grafik Alex Walter Diggelmann, Zürich, 1938.

Der Kampf um den Säntisgipfel

Eine Bahn auf den Säntis, das war schon in den 1880er-Jahren der grosse Traum der Touristikpioniere. Doch die Bahnprojekte scheiterten über Jahrzehnte hinweg immer wieder an fehlenden Konzessionen und finanziellen Mitteln. Das erste Konzessionsgesuch für eine elektrische Schmalspurbahn von St. Gallen über Appenzell bis zur Wagenlücke stellten 1886 die St. Galler Andreas Weder und Arnold Mooser. Allerdings ging es den beiden vermutlich mehr um die Sicherung der Nutzungsrechte am Wasser des Seealpsees als um die Eroberung der Bergspitze. Zumindest beurteilte St. Gallen das Bahnprojekt so und lehnte es deshalb als unzulässigen Vorwand zur Sicherung der Wasserrechte ab.[100]

Ein Innerrhoder Projekt

1887 erhielt hingegen der Innerrhoder Landammann Carl Justin Sonderegger (1842–1906) eine Konzession für sein zusammen mit dem Ingenieur Johann Ulrich Deutsch (1849–1928) eingereichtes Bauprojekt einer Schienenbahn von Appenzell über Wasserauen bis auf den Säntis. Es handelte sich dabei um eine Kombination zwischen Tal- und Bergbahn. Johann Ulrich Deutsch war kein unbeschriebenes Blatt, er hatte bereits 1886 die Appenzeller Bahn von Urnäsch nach Appenzell gebaut. Die Angelegenheit zog sich in die Länge und stand vor dem Aus, als Ausserrhoden 1904 ein Konkurrenzprojekt auf den Tisch legte. Dieses sah eine elektrische Standseilbahn via Chräzerli auf den Säntis vor. Landammann Sonderegger griff tief in die Tasche und kaufte den Ausserrhodern das Projekt für 10 000 Franken ab und schaltete damit die Konkurrenz einstweilen aus. So war der Weg frei für die Gründung der Säntisbahn AG, die 1912 die erste Etappe der Linie von Appenzell nach Wasserauen fertigstellte. In drei weiteren Schritten sollte die Weiterführung zur Seealp und zur Meglisalp bis über die Wagenlücke auf den Säntis erfolgen. Doch der Erste Weltkrieg machte alle Pläne zunichte. Es kam zu einem Baustopp.[101]

Tauziehen zwischen den Kantonen

Der Säntis weckte in den 1920er-Jahren wieder die Ingenieurträume im Appenzellerland, und es kam zu einem regelrechten Tauziehen zwischen den beiden Appenzeller

50
Übersichtsplan zum Säntisbahnprojekt von Carl Justin Sonderegger im Massstab 1:100 000, Eidgenössisches topographisches Bureau, 1887.

51

51
Plakat der Säntisbahn mit Seealpsee und Alpstein im Hintergrund, Fahrplan der Teilstrecke Appenzell–Wasserauen im Vordergrund sowie rechts unten Ansicht des Hotels Weissbad. Lithographische Anstalt Walter Marty & Co., Herisau und St. Gallen, 1912.

Kantonen um die Erschliessung der Säntisspitze. Es war klar, dass diese viele Touristinnen und Touristen anlocken würde. Der Präsident des Innerrhoder Kur- und Verkehrsvereins, Emil Hildebrand, der im Verwaltungsrat der Säntisbahn AG sass, wusste, dass er nun schnell und entschlossen handeln musste, wollte er das Rennen für seinen Kanton entscheiden. Er beauftragte den Bahningenieur Hans Heinrich Peter (1875–1931) und reichte eine Variante für Innerrhoden ein, die nach einer Zahnradstrecke bis Seealp-Oberstofel zwei Schwebebahnstrecken zum Säntisgipfel mit Kosten von fünf Millionen Franken vorsah. Dieses nach dem Ingenieur benannte «Projekt Peter» scheiterte aber nicht nur am Geld, sondern auch am Unwillen der eigenen Be-

52

53

völkerung. «Appenzell wünscht keine Säntisbahn»[102], hiess es im Protokoll der Hauptversammlung des Kur- und Verkehrsvereins 1928. Die Bevölkerung fürchtete sich einerseits vor zunehmenden Tourismusströmen, andererseits vor einer Verschandlung der Landschaft. Ausserdem verdienten zahlreiche Bergführer gutes Geld damit, reiche Gäste auf die Bergspitzen zu führen, und bangten um ihre Arbeit. Der Vereinspräsident gab nicht auf und wusste, wie er seine Mitmenschen zu packen hatte: Er hielt an der Generalversammlung 1929 ein Referat über die geplante Säntisbahn und lud im April 1930 Ingenieur Tobler von St. Gallen ein, der über die technische Seite des «Projekts Peter» sprach. An der öffentlichen Veranstaltung im Hotel Säntis erschienen rekordverdächtige 100 Personen. «Das wirklich sehr gediegene Referat fand reichen wohlverdienten Beifall.»[103] Die Bevölkerung erkannte: Die Säntisbahn würde kommen, also musste sie wenigstens von Wasserauen ausgehen und nicht von Urnäsch.

«Die Schlacht ist beendet»

Die Zeit drängte, denn die Ausserrhoder Gemeinden hatten bereits grosse Summen für eine Schwebebahn Schwägalp–Säntis zugesichert und arbeiteten mit allen Mit-

52
Säntis-Schwebebahn. Ansichtskarte von Photoglob-Wehrli AG, Zürich, circa 1935.

53
Schwägalp und Säntis-Schwebebahn. Fotografie Rudolf Suter, Oberrieden, circa 1960.

Bahnen im Appenzellerland [104]

1875	Appenzeller Bahn von Winkeln über Herisau nach Urnäsch als SBB-Anschluss
1886	Appenzeller Bahn von Urnäsch über Gonten nach Appenzell
1886	Zahnradbahn von Rorschach nach Heiden
1889	Appenzeller Strassenbahn von St. Gallen über Teufen und Bühler nach Gais
1896	Bahn von Rheineck nach Walzenhausen
1903	Trogener Bahn von St. Gallen nach Trogen
1904	Weiterführung der Appenzeller Strassenbahn von Gais bis nach Appenzell
1912	Weiterführung der Appenzeller Strassenbahn von Gais bis nach Altstätten
1912	Appenzeller Bahn von Gossau nach Herisau (Winkeln aufgegeben)
1912	Säntisbahn von Appenzell nach Wasserauen, erstes Teilstück (für den Rest über Seealp/Meglisalp bis Säntis konnten die Geldmittel nicht aufgebracht werden)
1935	Schwebebahn Schwägalp–Säntis
1955	Luftseilbahn Wasserauen–Ebenalp
1964	Luftseilbahn Jakobsbad–Kronberg
1964	Luftseilbahn Brülisau–Hoher Kasten
1964	Transportbahn Pfannenstiel–Alp Sigel, ab 1969 Personengondel
1979	Luftseilbahn Frümsen–Staubern, zuerst Materialseilbahn, ab 2001 Personengondel

teln daran, den Tourismus auf ihr Gebiet zu lenken. «Die hohen Herren unserer Commission ersehen daraus deutlich die Rückwirkungen auf unsern ganzen Fremdenverkehr, eine unbestrittene Benachteiligung unseres Ländchens.»[105] Jetzt setzte der Verkehrsverein alle Hebel in Bewegung und holte auch die Innerrhoder Regierung ins Boot. Die von der Standeskommission gesprochenen 5000 Franken waren jedoch nur ein Tropfen auf den heissen Stein.

1933 ging die begehrte Konzession an den Herisauer Carl Meyer (1873–1947). Sein Projekt einer Luftseilbahn von der Schwägalp auf den Säntis setzte sich durch. Frustriert hiess es im Jahresbericht des Verkehrsvereins von 1933: «Die Säntis-Schwebebahn ist nun Tatsache geworden. Die Arbeiten sind in vollem Gange und bald wird Säntis-Kulm von der Schwägalp aus in kurzer Zeit, ohne Schweiss und Anstrengung zu erobern sein! Wie wird sich diese Neuerung auswirken? fragen wir uns Innerrhoder mit Recht. [...] Hoffen wir das Beste!»[106] Der Bau der Bahn war harzig, und immer wieder gab es Kritik an den Arbeitsbedingungen, nicht zuletzt wegen drei tödlichen Unfällen während der Bauarbeiten. Doch der Gipfel wurde erreicht, und am 1. August 1935 schwebte die mit viel Geld, Schweiss und Blut bezahlte Gondel dem Säntis entgegen. Der Verkehrsverein stellte resigniert fest: «Die Schlacht ist beendet»[107].

Ferien hinter der Heimatfront
Tourismusentwicklung im Zweiten Weltkrieg

54

Mit dem Ausbruch des Zweiten Weltkriegs blieben die ausländischen Gäste fast vollständig aus, und auch die neutrale Schweiz bekam die politischen und wirtschaftlichen Konsequenzen des Konflikts zu spüren. Der Anfang des Jahresberichts des Verkehrsvereins von 1940 liest sich wie ein poetisches Drama:

> «Gleich einer Oase erhebt sich heute unser Vaterland rings vom Kriege umgeben als eine Friedensinsel, mitten im europäischen Kriegsgetümmel! Friedliche Völker stehen mit mörderischen Kriegswaffen sich gegenüber und unerbittlich wütet der Vernichtungskampf. Noch weht unser Banner, das weisse Kreuz im roten Feld, über unserem Lande, das einst als internationales Fremdenzentrum sich einen Weltruf eroberte. Doch die Zeiten ändern. Der internationale Tourismus wurde durch den Krieg ausgeschaltet. Die Schweiz, als Friedensinsel, das rote Kreuz im weissen Feld, sucht Not zu lindern aus Dankbarkeit!»[108]

Das Verkehrsbüro erledigte 1939 noch 660 Anfragen aus der Schweiz, 47 aus Deutschland, zehn aus Frankreich, fünf aus Belgien, drei aus Holland und 13 aus anderen Ländern. 1940 blieb das Verkehrschalet mit öffentlichem Auskunftsdienst geschlossen, die Kommission beantwortete insgesamt nur noch 378 Anfragen aus der Schweiz und lediglich eine aus dem Ausland. Mit dem Ausfall der ausländischen Gäste setzte der Verkehrsverein nun auf die eigenen Landsleute und insbesondere «auf eine intensive Bearbeitung des Welschlandes»[109]. Dafür arbeitete er mit dem Verband Appenzell-Ausserrhodischer Verkehrsvereine zusammen. Die vereinte Werbetätigkeit in der Westschweiz trug bereits 1942 Früchte, wie der Verein im Jahresbericht schrieb. Überhaupt waren die Sommersaisons während der Kriegsjahre für die Appenzeller Gastbetriebe dank des rasch wachsenden Inlandtourismus gar nicht so schlecht. Überrascht stellte der Vorstand fest: «Wohl die wenigsten am Fremdenverkehr interessierten Betriebe hatten angesichts dessen, dass der Weltkrieg weitertobte und von Monat zu Monat grössere Dimensionen annahm, mit einer so guten Saison gerechnet, wie wir sie 1941 verzeichnen durften. Wäre uns durch den rapiden Wetterumschlag in der zweiten Woche August nicht eine unverhoffte Abkürzung der Saison geworden, hätte der Sommer 1941 wohl ein Vorkriegsergebnis gezeitigt.»[110]

Mitten im Krieg kam es im Verein zu einer bedeutenden Veränderung, als der langjährige Präsident Emil Hildebrand 1942 aus gesundheitlichen Gründen seinen Rücktritt ankündigte. Mit Hildebrand gab eine der prägendsten Figuren der Vereinsgeschichte den Führungsstab weiter. Sein Nachfolger war Niklaus Senn (1894–1966). Senn stammte ursprünglich aus Wil und war 1932 von Herisau nach Appenzell gezogen, nachdem er den Posten als Direktor der Appenzell-Innerrhodischen Kantonalbank angetreten hatte. Ihm oblag es nun, den Verein durch den Krieg zu führen. Aufgrund der äusseren Umstände hatte auch Senn anfänglich keine andere Option, als gänzlich auf den Inlandtourismus zu setzen. Zusätzlich erschloss sich der Verein mit der Organisation von Tagungen in Appenzell einen neuen Tourismussektor.

Die Schweiz erlebte an der Wende zum 20. Jahrhundert eine regelrechte Gründungswelle an Vereinen. So kamen auf 1000 Einwohnerinnen und Einwohner rund zehn Vereine und schon bald war die 100 000er-Marke geknackt. Es war damals üblich, dass einzelne Personen Mitglied in zahlreichen Vereinen waren. Gastgeber einer Tagung zu sein, erwies sich daher bald als lukratives Geschäft. 1942 fanden beispielsweise der Kongress der Schweizerischen Schuhmachermeister, des Verbands der Schweizerischen Kantonalbanken sowie die Delegiertenversammlung der Krankenkassen Konkordia in Appenzell statt. Allerdings fehlte es bis dato an einer geeigneten Tagungsinfrastruktur. Es gab weder einen grossen Konzertsaal noch ein Kongresszentrum. Doch die Weichen waren gestellt.

Dank der gezielten Inlandwerbung und des steigenden Tagungstourismus hatte der Kanton Appenzell Innerrhoden 1944 im Gegensatz zur Gesamtschweiz sogar «eine ganz wesentliche Frequenzzunahme zu verzeichnen»[111]. Während die Gastbetriebe 1938 eine Anzahl von 5852 Gästen und 18 226 Logiernächten auswiesen, waren es 1943 5202 Gäste mit 20 148 Übernachtungen. 1944 stieg die Gästezahl auf 10 180 und jene der Übernachtungen sogar auf 33 828 an. «Es ist das beste Jahr seit der 30er Krise»[112], stellte der Präsident im Jahresbericht von 1944 fest.

Fokus auf Amerika

Das Kriegsende 1945 gestattete zwar wieder den Reiseverkehr über die Grenzen, jedoch trug die wirtschaftliche Lage dazu bei, dass die Bevölkerung vor allem in den kriegsversehrten Nachbarländern kaum mehr über Mittel verfügte, um überhaupt über Ferien nachzudenken. Gäste aus Deutschland und Frankreich blieben nach wie vor mehrheitlich aus, zumal diejenigen, die sich eine Reise leisten konnten, eher die Städte frequentierten. Viele Schweizerinnen und Schweizer nutzten ihrerseits die Öffnung der Grenzen, um endlich wieder in den Süden zu reisen. Das sich durch diese Entwicklung androhende Touristikdesaster trat jedoch nicht ein, denn für Nationen wie Belgien, England und Amerika bot die unversehrte Schweiz eine attraktive Reisedestination. Die Zahlen fielen in Appenzell Innerrhoden in der zweiten Hälfte der 1940er-Jahre deutlich besser aus als während des Kriegs und erreichten 1947 sogar einen Rekord von 52 170 Logiernächten.[113]

Die findigen Touristikfachleute in der Schweiz erkannten schnell, dass viele Amerikanerinnen und Amerikaner überaus empfänglich für die heimische Folklore waren. Das Appenzellerland eignete sich dabei ausgezeichnet als Kulisse für eine landwirtschaftlich geprägte, urchige und traditionsbewusste Eidgenossenschaft. 1945 liess die Schweizerische Verkehrszentrale einen Werbefilm drehen, nämlich «Die Urlauber im Appenzellerland».[114] Weiter wurden «Eine Alpabfahrt» und im Auftrag der Nordostschweizerischen Verkehrsvereinigung die «Alpstubete» produziert. Mit diesen Filmen eroberte die Schweiz den amerikanischen Markt im Sturm, und schon bald kamen amerikanische Gäste in Scharen ins Land.

54
Soldat im Alpstein mit Sicht auf die Churfirsten. Ansichtskarte von Photoglob-Wehrli AG, Zürich, 1939.

Eine neue Welt

Nachkriegszeit und Hochkonjunktur

Die Nachkriegszeit heilte die Kriegswunden und brachte den wirtschaftlichen Aufschwung, von dem auch der Tourismus profitierte. Die Welt und die Gesellschaft hatten sich verändert. Das Wirtschaftswunder brachte Vollbeschäftigung, Wohlstand und den Aufstieg der Konsumgesellschaft. Diese Veränderungen läuteten für den Verkehrsverein eine neue Ära ein. Er vermarktete seine Heimat in der ganzen Welt und sah sich bald mit dem beginnenden Massentourismus konfrontiert. Die Erweiterung der Infrastruktur ging weiter und betraf nun einerseits den Ausbau und die Markierung der Wanderwege, andererseits die Erschliessung des Alpsteins durch Seilbahnen und Skilifte. Der Wintertourismus kam jedoch nie über sein Image des Sorgenkinds hinweg. Und die erhöhte Mobilität führte zu einem zweiten Sorgenkind: Anstelle von mehrwöchigen Kuraufenthalten unternahmen die Gäste nun vermehrt Tages- oder Wochenendausflüge ins Appenzellerland, womit die Aufenthaltsdauer zurückging. Der Verkehrsverein reagierte darauf in den 1970er-Jahren mit einer Professionalisierung der Vereinsstrukturen und einem Ausbau des Unterhaltungsangebots.

«The American Way of Life» erreicht Innerrhoden

Dank des grossen wirtschaftlichen Aufschwungs stellte man gesamtschweizerisch eine erhöhte Gästezahl aus Deutschland, Frankreich, England und Belgien fest, und vor allem aus den Vereinigten Staaten. Zunächst waren es die nach dem Krieg beurlaubten Soldaten, dann deren Familien. Die weitgereiste Kundschaft stellte aber auch neue Anforderungen an die Tourismusdestinationen. Die amerikanischen Reisenden wollten unterhalten werden und suchten Aktivferien mit aufregenden Landschaften und Attraktionen. Der Verkehrsverein sah sich vor die Herausforderung gestellt, diese neuen Bedürfnisse zu befriedigen, ohne die eigenen Wurzeln und Traditionen preiszugeben. Er unterstützte Gästeunterhaltungen in Zusammenarbeit mit der Trachtenvereinigung und dem Jodelverein, ermahnte jedoch 1959 die Hotels, dass «es sich bei diesen sogenannten Kurabenden nicht um eine ‹Kilbi› handeln darf, sondern dass hier einzig und allein gutes, ehrbares und bewährtes heimatliches Gut an Sitte und Brauchtum geboten werden darf»[115].

55

Der Verkehrsverein schickte bald regelmässig Trachtengruppen, Jodelvereine, Alphornbläserinnen und -bläser und Fahnenschwingende in die Vereinigten Staaten, aber auch nach Brüssel und England, um mittels Brauchtum Werbung zu machen. 1959 schoss die Schweizerische Verkehrszentrale etwas übers Ziel hinaus, als sie in der New Yorker Radio City Music Hall über mehrere Wochen viermal täglich eine gigantische, aber umstrittene Bühnenschau namens «Swiss Echoes» veranstaltete. Über 30 Laiendarstellerinnen und -darsteller zeigten einen kunterbunten Querschnitt durch eine völlig überzeichnete volkstümliche Schweiz, wobei die verschiedenen Trachten und Traditionen miteinander vermischt wurden. So trat beispielsweise ein Chor von Obwaldner Buben mit roten Zipfelmützen und einer extra für die Bühne angefertigten Appenzeller Sennentracht auf und sang «Vo Luzärn uf Weggis zue!», während das amerikanische Hausballett in Pseudotrachten um sie herumtanzte. Wiederum durften auch die Alphörner, Fahnen und Kuhglocken nicht fehlen.

Diese Bühnenadaption begeisterte das amerikanische und internationale Publikum, sorgte jedoch in der Heimat für scharfe Kritik. Die Schweizerische Trachtenvereinigung warf den Verantwortlichen vor, die heimischen Traditionen, Sitten und Bräuche verzerrt wiederzugeben und damit zu verunstalten. Die Aufregung rund um die «Swiss Echoes» steht sinnbildlich für die bis heute bestehende Gratwanderung in Bezug auf die Vermarktung des heimischen Brauchtums. Werden die eigenen Traditionen zu stark auf die Bedürfnisse des Tourismus und damit nach aussen ausgerichtet, droht der Identifikationsverlust innerhalb der einheimischen Bevölkerung.

55
Tourismusplakat «Visit Eastern Switzerland». Grafik Gebrüder Fretz AG, Zürich, circa 1950.

56

57

56
Kinoaushang für den Appenzeller Film «I ha en Schatz gha», 1941.

57
Fernsehkamera beim Restaurant Sonne am Landsgemeindeplatz für Aufnahmen der Landsgemeinde. Fotografie Emil Grubenmann (1906–1979), Appenzell, 1963.

Appenzellerland auf allen Kanälen

Seit den 1930er-Jahren ist das Appenzellerland auf allen medialen Kanälen präsent. Durch die wiederkehrende Darstellung heimischer Bräuche, kultureller und politischer Traditionen und der Naturlandschaft geniesst das Appenzellerland einen hohen Wiedererkennungswert. Um diese Werbemittel zu finanzieren, mussten in der Ostschweiz vermehrt Kooperationen eingegangen werden.

Heimische Bräuche im Radio

Am 13. August 1933 widmete Radio Beromünster dem Appenzellerland einen ganzen Sendetag. Über mehrere Stunden erschallten live Klänge der Musikgesellschaft Harmonie Appenzell, des Männerchors und einer Jodelgruppe. Dazwischen gab es Hintergrundberichte über Appenzell und seine Geschichte sowie Gespräche mit dem Säntis-Wetterwart Ernst Hostettler und dem Kurdirektor Emil Hildebrand. Eine Ansprache des Landammanns rundete die Sendung ab.[116]

Der Verkehrsverein nutzte das Radio auch, um das Publikum auf die heimische Festspieltradition aufmerksam zu machen. So reiste 1938 eine Delegation von zehn Personen ins Radiostudio nach Zürich, um dort eine Szene aus dem Stück «Au ohni Göld» von Emil Steuble als Hörspiel aufzunehmen.[117] Der Verkehrsverein gab sich alle Mühe, dass es regelmässig Appenzeller Musik und Vorträge zu hören gab. 1975 sendeten mehr als tausend Radiostationen in den Vereinigten Staaten ein 30-minütiges Interview über die Tradition der Landsgemeinde an über 60 Millionen Hörerinnen und Hörer.[118]

Ein oscarverdächtiger Propagandafilm

1932 versammelten sich Vertreter der Behörden, Verkehrsverbände, Industrie und Bahnunternehmen in St. Gallen. Sie wollten einen Propagandafilm zur Förderung der Industrie und des Fremdenverkehrs in der Ostschweiz drehen lassen. Die Umsetzung übernahm die Praesens-Film AG in Zürich. Zusammen mit dem ersten Dialektfilm «Wie d'Warret würkt» von Walter Lesch und Richard Schweizer feierte der 15-minütige Streifen «Das Appenzellerland» 1933 in Zürich Premiere.[119] Der Film entführte mit eindrücklichen Bildern des tuckernden Bodenseedampfers und der Eisenbahn ins geheimnisvolle Appenzellerland und offenbarte dessen Sitten und Gebräuche. Die «Neuen Zürcher Nachrichten» schwärmten von den «prächtigen Typen», die im Film auftraten: Da kamen «eine alte Frau an der Webmaschine, ein schmunzelndes Zischgeli am Stickrahmen und Berglerfiguren» vor.[120]

Mit dem Drehbuchautor und Regisseur Richard Schweizer, Kameramann Emil Berna und dem Komponisten Alfred Uhl waren damals junge Filmemacher am Werk, die später Schweizer Filmgeschichte schreiben würden. «Das Appenzellerland» entfaltete eine doppelte Werbewirkung – erstens für die Region und zweitens für die Praesens-Film AG selbst, die sich durch die Filmproduktion eine neue Einnahmequelle erhoffte. Die Rechnung ging auf: Das Publikum war begeistert, und bald lief der Film in der Schweiz, in Deutschland, Österreich und sogar Nordamerika.[122] Der Verkehrsverein beteiligte sich an den Produktionskosten von 6590 Franken mit 1000 Franken, was für seine Verhältnisse eine grosse Investition war. Stolz führte er das Werk an der Hauptversammlung vor und erntete Beifall.[123]

Begleitend zum Filmstart lancierten die Appenzell Ausserrhoder Verkehrsvereine gemeinsam mit dem Verkehrsverein Appenzell Innerrhoden eine gleichnamige Plakatkampagne in über 110 Schweizer Bahnhöfen.[124]

Von der Landesausstellung auf die Kinoleinwand

Eine Sternstunde des frühen Appenzeller Regionalmarketings erlebte der Verkehrsverein an der Landesausstellung von 1939 in Zürich. Damals veranstaltete eine Delegation von nicht weniger als 1500 Personen aus Inner- und Ausserrhoden einen Appenzellertag. Höhepunkt war die Aufführung des Heimatspiels «Mer sönd halt Appezöller» mit 500 Mitwirkenden. Der anwesende Festhüttenbetreiber Ernst Biller war inspiriert und drehte 1941 den Dialektfilm «I ha en Schatz gha». Es handelte sich um den ersten Heimatfilm aus dem Appenzellerland und um den ersten Schweizer Film, der ausschliesslich vor Ort in Innerrhoden gedreht wurde. Die Hauptrolle spielte die einheimische Maria Sutter (1916–1996). Die Schauspielerin galt mit ihren volkstümlichen Gesängen als Inbegriff der Appenzeller Folklore. Während der Film in der Ostschweiz sehr erfolgreich lief, fiel er beim nationalen Publikum aufgrund des seichten Drehbuchs durch.

Überzeugender war der 1943 für die Schweizer Filmwochenschau produzierte Dokumentarfilm «Kampf um den Berg». Dieser im Zeichen der Geistigen Landesverteidigung stehende Film zeigte, wie die Appenzeller Bergsteiger Beni Motzer und Ernst Anderegg den fünften Kreuzberg bezwangen.[125]

Das Appenzellerland faszinierte Filmschaffende von der englischen BBC über die italienische RAI bis hin zu südostasiatischen Kinofilmcrews. Dabei zeigten weder die Kirche noch die Politik grosse Berührungsängste. Egal ob Sportereignisse, Heimatspiele, Fronleichnamsprozessionen oder Landsgemeinde – nichts blieb der Kameralinse verborgen. Dass Innerrhoden auch den Fernsehleuten Glück bringen konnte, zeigt das Beispiel des Schweizer Fernsehmoderators Kurt Felix, dessen TV-Karriere 1965 mit einem Beitrag über den Herstellungsprozess des Appenzeller Käses für die «Landwirtschaftliche Rundschau» begann.

Ferien für alle: Das Wirtschaftswunder versetzt die Welt in Bewegung

Neben der geografischen Herkunft der Urlauberinnen und Urlauber hatte sich auch ihre soziale und demografische Zusammensetzung geändert. Durch den steigenden Wohlstand in der Nachkriegszeit konnten sich immer mehr Menschen ein Auto und Ferien leisten. Diese Verschiebung stellte auch der Verkehrsverein im Jahresbericht von 1955 fest: «Diese wirtschaftliche Blüte ist für den Fremdenverkehr von grosser Wichtigkeit, umso mehr als in den letzten Jahren das Ferienmachen nicht mehr ausschliesslich Privileg einer bevorzugten Klasse ist, sondern sich zum Gemeingut aller Schichten und Klassen gemacht hat. Wenn die Ferienaufenthalte nicht im verhältnismässigen Ausmass zugenommen haben, so ist diese Tatsache dem starken Reiseverkehr per Autos oder Cars zuzuschreiben, dem Aufenthalt auf Campingplätzen und dem Logis in Zelten usw.»[126] Die neuen Kundinnen und Kunden zogen Ferienwohnungen, Ferienhäuser, Pensionen und Campingplätze teuren Hotels vor. Die sogenannte Parahotellerie wurde in der Folge immer weiter ausgebaut. Diese Entwicklung war zwar bedauerlich für die Kurhotels, jedoch umso erfreulicher für private Vermieterinnen und Vermieter, die nun ebenfalls am Tourismus teilhaben konnten.

Während ältere Personen, die die Schweiz bereits vor dem Krieg bereist hatten, nun wieder zu ihren Lieblingsdestinationen zurückkehrten, waren neu vermehrt Einzelpersonen, Familien und junge Erwachsene unterwegs. Gerade letztere waren auf günstige Unterkünfte angewiesen, und so schwappte bald der Trend zur Errichtung von Jugendherbergen von Deutschland auf die Schweiz über. Bei den reisenden Jugendlichen handelte es sich nicht um eine attraktive Zielgruppe, doch die Feriendestinationen erhofften sich, dass diese später als (gutverdienende) Familien zurückkehren würden. Innerrhoden sprang nicht auf diesen Zug auf. Einzig im Oberegger Weiler Büriswilen betrieb ab 1964 ein Ehepaar eine private Jugendherberge, die bis 1979 bestand.

Neue touristische Bedürfnisse mit Nebenwirkungen

Mit der wirtschaftlich boomenden Nachkriegszeit nahm die Zahl von neu registrierten Autos stark zu und brachte die bestehende Strasseninfrastruktur an ihre Grenzen. Die folgenden Jahrzehnte standen im Zeichen des Ausbaus des Nationalstrassennetzes mit seinen insgesamt 800 Kilometer langen Autobahnabschnitten. Am 11. Juni 1955 konnte mit der Ausfallstrasse Luzern-Süd die erste Autobahn der Schweiz eröffnet werden. Der überwiegende Teil des Lands war aber noch nicht ausgebaut für den Massenverkehr.

Die einzelnen Gemeinden litten unter dem hohen Verkehrsaufkommen. In Innerrhoden bereitete besonders der starke Verkehr im Schwendetal Sorgen. Mit der 1955 eröffneten Ebenalpbahn – der ersten Luftseilbahn in Appenzell Innerrhoden – nahmen die Zahlen der Besuchenden enorm zu. 1959 notierte der Verkehrsverein: «Ganze Woche prächtiges, wolkenloses Wetter, sodass die Voraussetzungen für den Sonntag ganz gut waren. Dementsprechend war dann auch der Besuch unserer Berge, die eine Rekordfrequenz aufzuweisen hatten. In Wasserauen war die hinterste

Parkierungsgelegenheit ausgenützt. Auch in Brülisau war der Wagenpark gross»[127]. Die Zunahme an Touristinnen und Touristen sowie an Autos überstieg das erträgliche Mass für manche Einheimische. Vermehrte Konflikte waren die Folge, wie der Verkehrsverein realisierte: «Im Laufe der Alpauftriebe sind Klagen eingegangen, dass vielfach beim Viehtreiben auf Strassen der Verkehr absichtlich aufgehalten wird und die Begleitpersonen keinerlei Anstalten treffen, um die Strasse frei zu machen, ja in vielen Fällen noch eine drohende Haltung einnehmen beim Überholen, was natürlich dem Fremdenverkehr schadet.»[128]

Sennen, aber auch einige Wirtsleute liessen ihre traditionelle Gastfreundschaft angesichts der vielen Touristinnen und Touristen immer häufiger vermissen und begannen diese gar zu benachteiligen, wie der Verein empört feststellen musste: «Weiters darf man nicht glauben, dem Gast einen schlechteren Wein zum guten Preise vorsetzen zu dürfen im Glauben, er merke es nicht. Reklamationen bei uns sind immer eine unangenehme Sache. Wir bitten somit alle direkt am Fremdenverkehr interessierten Kreise, sich einen einwandfreien Ruf an zuvorkommender, menschenfreundlicher Bedienung zu sichern, weil dies wiederum allen und dem ganzen Lande zur Ehre gereicht.»[129] Wie ausgeprägt das Problem war und wie viele Klagen konkret beim Verein eingingen, ist nicht überliefert.

Obwohl die Kurtaxe ab 1952 gesetzlich verankert war, hielten sich mehrere Gastbetriebe nicht an die Vorgaben und enthielten dem Verkehrsverein über mehrere Jahre geschuldete Abgaben vor. Dieser reagierte mit unangemeldeten Visiten. «Im Laufe des Jahres 1958 wurden Kontrollen der Kurtaxen in den Beherbergungsstätten des Alpsteins durchgeführt. Bei drei Besitzern von Massenlagern mussten Verfehlungen konstatiert werden. Es wurde Nachzahlung der hinterzogenen Beträge pauschal verlangt. Diese Kontrollen wurden darauf fortgeführt. Es ist bedauerlich, dass man da und dort versucht, die Taxen, die ja der Besucher entrichten muss, zu hinterziehen.»[130] Auch folgte der neue Vereinspräsident Niklaus Senn den Spuren seines Vorgängers und bat die Wirtsleute und Gewerbetreibenden Jahr für Jahr darum, den Verein zu unterstützen: «Sehr viele Gewerbsleute, die vom Kurbetrieb ganz nett profitieren, stehen heute noch abseits oder begnügen sich mit einem recht bescheidenen Beitrag. Nur wenn alle mitmachen, die Kurtaxenpflichtigen und die Gewerbetreibenden, dann ist der Erfolg möglich.»[131]

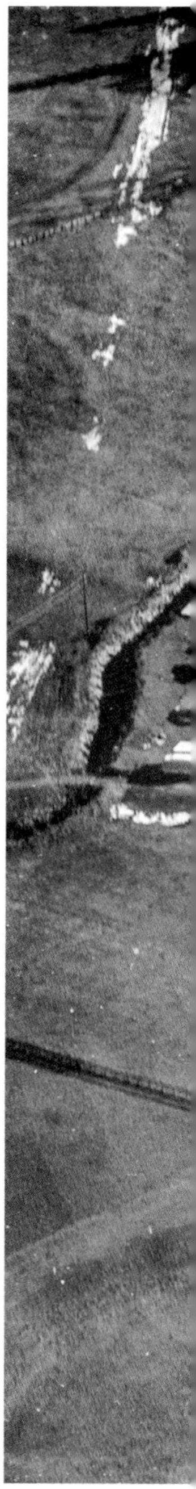

58

Launisches Wetter und Epidemien

1960 war ein Schweizer Tourismusrekordjahr: Die Statistik wies rund 26 Millionen Übernachtungen aus, wovon 12 Millionen von Schweizerinnen und Schweizern gebucht wurden. Bei den ausländischen Gästen führte Deutschland mit 4 Millionen Reisenden die Liste wieder an, gefolgt von 3 Millionen aus England, 2,7 Millionen aus

58
Flugaufnahme vom Campingplatz Anker in Jakobsbad. Fotografie Walter Baer, St. Gallen, circa 1970.

Frankreich und 1,3 Millionen aus den Vereinigten Staaten.[132] Während Innerrhoden in Kriegs- und Krisenzeiten im Vergleich zur Gesamtschweiz bessere Resultate erzielt hatte, schwächelte der Kanton nun während der Hochkonjunktur. Der Schuldige war schnell gefunden: das launische Wetter, dem man im Appenzellerland alternativlos ausgesetzt war. Speziell der Wintertourismus unterlag den saisonalen Schwankungen, und nicht selten war auf den Skipisten nicht ausreichend Schnee vorhanden. Dennoch sollte Appenzell Wintersportort bleiben und wachsen.

Alles fährt Ski
Der Kampf um den Wintertourismus

59

Die harte Konkurrenz unter den Wintersportorten drängte den Verkehrsverein dazu, sich mit der Skiliftfrage zu beschäftigen. Dank der vielen Ski- und Sessellifte etablierte sich das Skifahren bald als Schweizer Nationalsport. Während der Hochkonjunktur gab es kaum eine Familie, die nicht im Winter in die Berge fuhr. Davos hatte schon 1934 den ersten Skilift der Schweiz in Betrieb genommen. Im Appenzellerland hatte Urnäsch die Nase vorn und baute 1944 den Skilift Osteregg.

Die Skilifte hauchen dem Wintersport neues Leben ein

In Appenzell Innerrhoden gab es zwar schon in den 1940er-Jahren erste Projekte, doch lehnten die betroffenen Bodenbesitzer diese ab. Die Kommission des Kur- und Verkehrsvereins war gespalten: Einerseits war man sich sicher, dass ohne Lifte und Skischulen «mit einem eigentlichen Winterferienbetrieb»[133] nicht zu rechnen sei. Gleichzeitig fürchtete sich der Verein vor grossen Investitionen, die bei schlechten Schneeverhältnissen nur «grossen Schaden»[134] zur Folge gehabt hätten. Während der Verein sich nicht zu einer Entscheidung durchringen konnte, nahmen 1953 der Armleutsäckelmeister Beat Dörig, Hotelier und Ratsherr Arnold Knechtle, Ingenieur Jakob Hersche und Rechtsanwalt Roman Kölbener das Heft in die Hand und realisierten in kürzester Zeit den Skilift Appenzell-Sollegg. Der Skilift übertraf alle Erwartungen punkto Gästezahl und hauchte dem Wintersportort Appenzell neues Leben ein. Der Appenzeller Historiker und Ratschreiber Hermann Grosser schrieb 1956 in einem Aufsatz in der Zeitschrift «Nordostschweiz» stolz: «An schönen Wintersonntagen gleicht die innerrhodische Metropole Appenzell einem Wintersportplatz.»[135]

1955 entstand dank einer neuen Seilbahn ein kleines Skigebiet auf der Ebenalp. In den 1960er-Jahren eröffneten gleich mehrere Skilifte: 1961 Gartenwald-Ebenalp, 1966 Gartenalp-Klus und 1970 Schwende-Horn. Auch am Kronberg erleichterten mehrere Skilifte den Skisport. Zusätzlich zur 1964 eröffneten Luftseilbahn kamen 1966 der Skilift Studen-Kronberghütte und 1971 der Skilift Jakobsbad-Lauftegg hinzu.

Auch wenn sich Appenzell nie mit den grossen Wintersportorten messen konnte, blieb der Wintertourismus noch einige Jahrzehnte ein Thema. Im Tal bauten die Skiclubs die Langlaufloipen aus. 1971 konnte der Verkehrsverein erfreut feststellen: «Appenzell I.Rh. ist mit fast 100 km Ski-Wanderloipen und Ski-Wanderwegen das dichteste erschlossene Langlaufgebiet der Schweiz.»[136]

59
Winterprospekt der Ebenalpbahn, circa 1955.

60
Lochkarte für den Skilift Sollegg in Appenzell, 1973.

61
Ansichtskarte vom Skilift Sollegg in Appenzell. Fotografie Rudolf Suter, Oberrieden, Ende 1950er-Jahre.

62
Skifahren am Kronberg in Jakobsbad. Fotografie Comet Photo AG, Zürich, 1968.

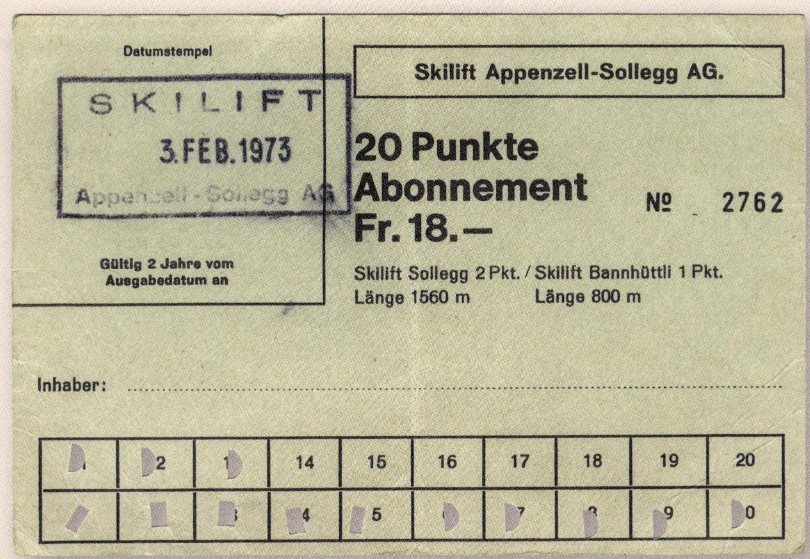

Datumstempel

SKILIFT
3.FEB.1973
Appenzell-Sollegg AG

Gültig 2 Jahre vom Ausgabedatum an

Skilift Appenzell-Sollegg AG.

20 Punkte Abonnement
Fr. 18.–

№ 2762

Skilift Sollegg 2 Pkt. / Skilift Bannhüttli 1 Pkt.
Länge 1560 m Länge 800 m

Inhaber: ....

	2	1	14	15	16	17	18	19	20
			4	5		7		9	0

60

61

62

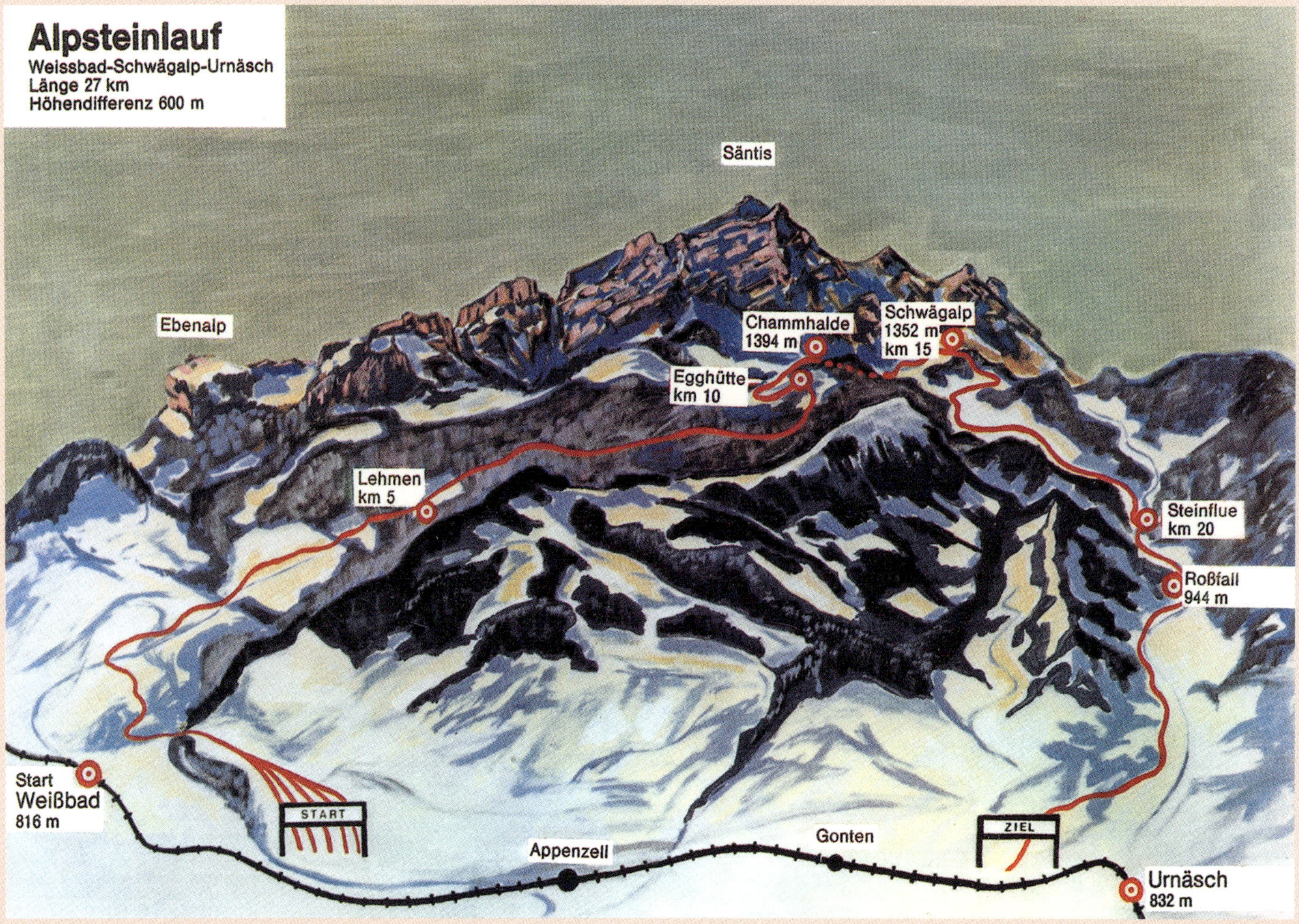
Alpsteinlauf
Weissbad-Schwägalp-Urnäsch
Länge 27 km
Höhendifferenz 600 m
Säntis
Ebenalp
Chammhalde
1394 m
Schwägalp
1352 m
km 15
Egghütte
km 10
Lehmen
km 5
Steinflue
km 20
Roßfall
944 m
Start
Weißbad
816 m
START
Appenzell
Gonten
ZIEL
Urnäsch
832 m

63

64

66

65

63
Der Streckenplan des Alpsteinlaufs zeigt den Verlauf durch gebirgiges Terrain. Relief E. Haas, Skiclub Brülisau-Weissbad, circa 1962.

64
Alpsteinlauf in der Nanisau, Fotografie Emil Grubenmann (1906 – 1979), Appenzell, 1971.

65
Der Alpsteinlauf lockte in den 1970er-Jahren über 1000 Teilnehmende an. Gebiet Dürrnäsli-Triebern, 1971.

66
Skiwanderzentrum Gonten mit dem neuen Spurgerät des Loipenclubs Gonten, circa 1990.

Der erste Gebirgslauf der Schweiz

Das grosse Innerrhoder Wintersport-Highlight war seit 1962 der Alpsteinlauf. Es handelte sich damals um den ersten Gebirgslauf in der Schweiz. Gut sieben Jahre vor dem Engadiner Skimarathon wurde er von den Skiclubs Appenzell, Brülisau-Weissbad und Urnäsch ins Leben gerufen. Der Alpsteinlauf führte über 25 Kilometer von Weissbad via Schwägalp nach Urnäsch. Während am ersten Lauf am 18. Februar 1962 rund 349 Personen teilnahmen, waren es in den 1970er-Jahren bis zu 1300 Läuferinnen und Läufer. Dem Schneemangel begegnete das Organisationskomitee mit Streckenänderungen und ab 1973 mit einem Pistenfahrzeug. Das Wetter war dem Alpsteinlauf häufig wohlgesinnt, nur 1993 musste der Alpsteinlauf wegen starken Schneesturms und Lawinengefahr zum ersten Mal abgesagt werden. Der beliebte Volksskilauf im Alpstein bestand bis 2002.

Die Ansprüche der Skitouristinnen und -touristen konnte Appenzell immer weniger erfüllen, und der Wintersport verlor angesichts der gross ausgebauten alpinen Wintersportorte immer mehr an Bedeutung. Der Alpstein lockte ab den 1980er-Jahren höchstens noch Tourenskifahrerinnen und -skifahrer zum «Skiaufsteigen mit Fellen und Abfahrten abseits des grossen Rummels»[137]. Die Skischanze Freudenberg erfuhr Anfang der 1970er-Jahre eine Erneuerung, und es fanden immer noch Wettkämpfe statt, bevor sie 2003 abgetragen wurde. Das Skigebiet Ebenalp-Horn, die Skilifte Sollegg in Appenzell, Alpsteinblick in Gonten und Leugangen in Brülisau sowie St. Anton in Oberegg sind bei guten Schneeverhältnissen auch heute noch in Betrieb. Beim Skilift Horn im Skigebiet Ebenalp-Horn verlängert seit 2012 eine technische Beschneiungsanlage die Anzahl Wintersporttage.

Tagesausflüge per Bahn, Auto oder Car

In den 1960er-Jahren zeichnete sich erneut ein Wandel der Reisegewohnheiten ab. Die Gäste hatten eine neue Leidenschaft entdeckt: Tagesausflüge. Möglich machten diese Entwicklung die inzwischen ausgebaute und leistungsfähigere Bahninfrastruktur und das Automobil. Nun konnten grössere Distanzen in kürzerer Zeit zurückgelegt werden, und eine Übernachtung war häufig nicht mehr notwendig. Mit dem Bau von gleich drei Luftseilbahnen ging es schon ab 1955 in kürzester Zeit auf die Ebenalp, ab 1964 auf den Kronberg und auf den Hohen Kasten.

Die von Brülisau ausgehende Kastenbahn musste hart gegen die konkurrierende Ortschaft Lienz im Rheintal erkämpft werden. Die Bergstation, die aufwendig in den Gipfelfels gehauen werden musste, führte zudem zu heftigen Auseinandersetzungen mit dem Heimatschutz. Die auf Innerrhoder Boden erstellte Kastenbahn tröstete endlich über den Verlust der Säntisbahn hinweg. Die «Neue Zürcher Zeitung» schrieb 1964 zur Eröffnung: «Man mag es an sich bedauern, dass ein auch für ungeübte Berggänger leicht zugänglicher Aussichtsgipfel der Ostschweiz nun dem ‹Sitztourismus› zugänglich gemacht wird, womit die Ruhe und Beschaulichkeit im Alpstein gewiss nicht gefördert wird, so ist es doch anderseits den Innerrhodern zu gönnen, wenn die Bahn mithelfen kann, die wirtschaftliche ‹Unterentwicklung› zu mildern.»[138] Viele Brülisauerinnen und Brülisauer setzten grosse Hoffnungen auf die Bahn, denn ihre Gegend war in den 1960er-Jahre besonders stark vom allgemeinen Bevölkerungsrückgang in Innerrhoden betroffen.

Tatsächlich kurbelte die Kastenbahn den Tourismus an, und die Region profitierte vom daraus resultierten Ausbau des Gastgewerbes und weiteren Infrastrukturbauten. Die Bergbahnen hatten in Bezug auf den Tourismus jedoch nicht nur Vorteile. 1964 bemerkte der Verkehrsverein im Jahresbericht: «Die neuen Bergbahnen haben wohl eine starke Zunahme der Passanten gebracht, nicht aber eine Zunahme der Übernachtungen. Die Bettenbesetzung ist nach wie vor unbefriedigend.»[139]

Um neue Tourismusmärkte zu erschliessen, spannte das Innerrhoder Verkehrsbüro schliesslich mit verschiedenen deutschen Reisebüros zusammen wie beispielsweise dem Reisebüro Berliner Anhalter Bahnhof, dem Touropa-Reise-Unternehmen, dem Bodensee-Reisebüro Konstanz und dem Reisebüro Ameropa in Frankfurt am Main. Besonders Carreisen erfreuten sich grosser Beliebtheit, womit die Zahl der Tagesausflugreisenden noch mehr zunahm – zum Leidwesen der Innerrhoder Hotels, die leer ausgingen.

Der grösste «Wanderzirkus» der Schweiz: Radiowanderungen

Während sich die Bedürfnisse und Ansprüche der Reisenden ständig veränderten, blieben gewisse Vorlieben bestehen. So war die Schweiz auch in den 1960er-Jahren ein Volk von «Wandervögeln». 1961 kam die «Schweizerische Arbeitsgemeinschaft für Wanderwege» auf die zündende Idee, über Radio Beromünster zu geführten Wandertouren einzuladen.[140] Ziel war es, die Menschen aufs Land zu schicken, wo sie die frische Luft und Ruhe der Natur geniessen konnten. Durchschnittlich besuchten etwa

67
Plakat der Ebenalpbahn.
Künstler unbekannt, circa 1960.

67

68

69

70

300 Teilnehmende diese Radiowanderungen. Besonders beliebte Routen zogen sogar einen «Heerwurm von über tausend Wanderlustigen»[141] mit sich, wie die «Neue Zürcher Zeitung» 1963 schrieb. Am 14. Juni 1964 fand die erste Tour auf Innerrhoder Boden statt, die von Wasserauen über die Alp Sigel nach Brülisau führte. 670 «unternehmungslustige Wanderer (im Alter von 4 bis 74 Jahren) erlebten einen frohen Tag und kehrten zufrieden nach Hause»[142].

Von «Ruhe in der Natur» konnte aber angesichts der Massenaufläufe keine Rede sein, weshalb es viele kritische Stimmen zu den Radiowanderungen gab: «Da ist zuerst einmal einfach die Menge als Zusammenballung einer grossen Zahl von Menschen, die wenn die Bevölkerungszunahme nicht aufhört, unser immer beklemmenderes und unausweichlicheres Schicksal sein wird – in den Verkehrsmitteln, im Bureauhochhaus, im Hörsaal, im Strandbad, und nun auch schon auf den Wanderungen in Gottes freier Natur»[143], wie ein Leser 1964 in der «Neue Zürcher Zeitung» schrieb.

Neben den Radiowanderungen bot der Verkehrsverein nun regelmässig geführte Bergtouren an. Möglich machte dies der Bergführer und Lehrer Bisch Manser. Als er 1972 sein Ehrenamt abgab, gelang es dem Verkehrsverein trotz intensiver Bemühungen nicht, einen Nachfolger zu finden.[144] Die Blütezeit der Radiowanderungen endete in den 1970er-Jahren, doch das Format bestand bis 2002 und erlebte auch danach vereinzelte Neuauflagen.

Wachstum versus Heimatschutz: Die verpestete Wildkirchlihöhle

Der Massentourismus stellte den Verkehrsverein vor grosse Herausforderungen. Schliesslich war eines der Hauptargumente für einen Besuch des Appenzellerlands die Ruhe der Natur. Nur konnte diese nicht aufrechterhalten werden, wenn Gäste sich in Massen auf dem Alpstein tummelten – sofern sie es überhaupt bis dorthin schafften und nicht irgendwo im Stau stecken blieben. So bemühte sich der Verkehrsverein einerseits darum, die bestehende Verkehrs- und Wanderweginfrastruktur für die Aufnahme grösserer Menschenmassen auszubauen, während er sich andererseits für die Erhaltung der Natur, Landschaft und traditionellen Werte einsetzte. Erschwerend kam hinzu, dass die Interessen des Verkehrsvereins nicht selten auch in Clinch mit jenen des Heimatschutzes kamen. Die Heimatschutzbewegung hatte sich schon im 19. Jahrhundert gebildet und wehrte sich vehement gegen die in ihren Augen stattfindende Verschandlung von Stadt und Land.

Der Heimatschutz kämpfte aktiv gegen diverse vom Verkehrsverein geförderte Bahn- und Infrastrukturprojekte wie beispielsweise die 1961 geplante Verbesserung des Durchgangs von der Ebenalp zum Wildkirchli. Er kritisierte, dass die Romantik des Ortes durch die Baumassnahmen zerstört würde. Der Verkehrsverein begründete den Ausbau seinerseits mit der verbesserten Sicherheit: «Der Durchgang wird eben seit Eröffnung der Ebenalpbahn bedeutend mehr benützt und vielfach auch von ‹Nicht-Bergsteigern›, für welche die Passage vorher nicht ungefährlich war.»[145] Auch die Standeskommission sprach sich für die Sanierung aus, da bei ihr immer häufiger Klagen über die Wildkirchlihöhle eingegangen waren. Im Geschäftsbericht von 1961

68
Eröffnungsfeier der Kastenbahn am 11. August 1964. Fotografie Comet Photo AG, Zürich, 1964.

69
Ansichtskarte der Terrasse des Restaurants Hoher Kasten. Fotografie Andreas Eggenberger (1899–2000), Walzenhausen, circa 1960.

70
Ansichtskarte der Kronbergbahn. Foto Gross, St. Gallen, circa 1964.

heisst es: «Seit Jahren waren immer wieder Klagen über den russigen Zustand der Wildkirchlihöhle laut geworden, indem die Touristen mit schwarzen Hüten und Kleidern sowie mit Beulen am Kopf im Aescher oder in der Ebenalp ankommen.»[146] Schuld an der Misere waren die alten Petrolfackeln, deren Rauch sowohl die Wände verrussten, als auch die Luft verpesteten. Weil immer mehr Leute in die Höhle strömten, war die Situation aus gesundheitspolizeilicher Sicht unhaltbar und eine Sanierung zwingend. Um die Petrolfackeln zu ersetzen, sprengte man einen Teil der Höhlendecke weg, damit genügend Licht durch den Eingang ins Innere gelangen konnte, «was allerdings eine kleine Einbusse der bisherigen Romantik»[147] bedeutete, wie die Standeskommission einräumte.

Der Widerstand gegen den Massentourismus liess das für den Verkehrsverein notorische Problem der Sachbeschädigungen wieder aufflammen. In den 1960er-Jahren beklagte sich der Vorstand in mehreren Jahresberichten über die mutwillige Beschädigung von Ruhebänken und Wegweisern. Er ermahnte die Bevölkerung, die «Schädlinge»[148] zu melden und den Einrichtungen Sorge zu tragen. Als sich keine Besserung einstellte, verschärfte der Verkehrsverein 1964 den Ton: «Ruhebänklein sind nicht da, um sie mit Säcken zu beladen oder sie übermütig auszuzerren und ins Tobel zu werfen!»[149] Der Verein machte neben böswilligen Tourismusfeinden die Dorfjugend für den Vandalismus und die Verschmutzung der Parkanlagen verantwortlich: «In das gleiche Kapitel gehört auch die Unordnung in den Parkanlagen. Es ist einfach nicht zu verstehen, dass Papiere, Orangenschalen usw. einfach auf die Strasse geworfen werden, wenn auch in nächster Nähe Körbe aufgestellt sind. [...] Hier sollte besonders die Jugend besser erzogen werden.»[150]

Die Sachbeschädigungen und der Widerstand des Heimatschutzes waren Symptome des Massentourismus. Diesen in für die lokale Bevölkerung erträgliche Bahnen zu lenken und sich für einen weiteren Anstieg zu wappnen, zählte zu den Zielen des Vereins. Sein Rezept war vorerst der zusätzliche Ausbau der Infrastruktur.

71
Parkplatz der Talstation der Ebenalpbahn in Wasserauen. Fotografie Emil Grubenmann (1906–1979), Appenzell, Ende 1950er-Jahre.

72
Schon in den 1970er-Jahren stiess der Parkplatz in Wasserauen an seine Grenzen. Fotografiert von der Ebenalp aus von Emil Grubenmann (1906–1979), Appenzell, 1975.

71

72

Sichere Pfade
Wanderwege und Bergrettung im Alpstein

Mit der wachsenden Begeisterung für das Bergsteigen in den 1850er-Jahren setzte die Erschliessung der Alpsteinregion ein. Wirtsleute kümmerten sich um die Wege und stellten erste «Wirtschaftswegweiser» auf: Um Wandernde nicht zu entmutigen und sie in ihre Berggasthäuser zu locken, schummelten sie gern bei den Zeitangaben.[151] Der Kur- und Verkehrsverein liess 1899 seinerseits 30 Wegweiser montieren. Das nötige Holz stellte ihnen das kantonale Bauamt kostenlos zur Verfügung. Diese hölzernen Wegweiser mussten bald metallenen Modellen weichen, die witterungsbeständiger und weniger anfällig für Sachbeschädigungen waren.[152]

Bis 1934 gab es in der Schweiz einen Wildwuchs an Wegmarkierungen, die überall anders aussahen. Gleichzeitig verdrängte der Autoverkehr die Spazierenden zunehmend von den Strassen. Besonders wandernde Schulklassen gerieten vermehrt in gefährliche Situationen, was den Zürcher Lehrer Johann Jakob Ess (1889–1968) zum Handeln veranlasste. Er gründete 1934 mit einem Vertreter der Pro Juventute und des Bunds der Schweizer Jugendherbergen die Schweizer Arbeitsgemeinschaft für Wanderwege (SAW).[153] Ziele waren die Förderung eines kantonsübergreifenden Wanderwegnetzes und die Vereinheitlichung der Markierung. Dies war die Geburtsstunde der gelben Wegweiser und ein Meilenstein in der Signaletik.

Einen Arbeitstag pro Kilometer Wanderweg

Während Appenzell Ausserrhoden sich der Arbeitsgemeinschaft bereits um 1938 anschloss, geriet das gleiche Vorhaben in Innerrhoden bald ins Stocken. Neben fehlenden Finanzen verunmöglichte auch der Zweite Weltkrieg jegliche Markierungsbestrebungen, denn aus militärstrategischen Gründen ordnete die Armeeleitung die Demontage aller Wegweiser und Strassentafeln an. Dadurch sollte feindlichen Fallschirmjägern die Orientierung im Gelände erschwert werden. Erst im Mai 1945 hob die Armee das Wegweiserverbot wieder auf und Innerrhoden stellte auf die offiziellen gelben Tafeln und die weiss-rote Bergwegmarkierung um. Für die Umsetzung bestimmte der Verein mit Vinzenz John erstmals einen Wanderwegleiter.[154] Auf ihn folgte der Schriftsetzer Rolf Jakober, der ab 1961 das grosse Markierungsprojekt des

73
Wandernde Frauen und Männer mit Wanderstock an Steilhang auf der Wegpartie Schwägalp – Tierwies, circa 1910.

73

74

75

76

Alpsteingebiets koordinierte. Die Markierungen dienten nicht nur der Zugänglichkeit, sondern auch der Sicherheit für die steigende Zahl an Bergwandernden.

Die Pflege der Wanderwege bildete einen eigenen Aufgabenbereich innerhalb des Verkehrsvereins. Zwischen 1945 und 1963 markierten Freiwillige rund 140 Kilometer Wanderwege. Damit zählte Innerrhoden zu den am besten ausgeschilderten Wanderregionen der Schweiz.[155]

1985 feierte Rolf Jakober sein 25-Jahr-Dienstjubiläum. Damals verfügte Innerrhoden über 453 Kilometer markierte Wege mit 552 Wegweiserstangen. Jakober wendete dafür rund 465 Arbeitstage auf, also etwa einen Arbeitstag pro Kilometer Wanderweg. Doch ein Mann allein reichte nicht, unzählige Helfer leisteten überwiegend im Frondienst die nötigen Arbeiten im Feld, die es beispielsweise 1985 auf rund 1200 Arbeitsstunden brachten. Hinzu kamen die «weissen Wanderwege», also die Skiloipen, welche die Skiclubs jährlich anlegten.[156]

Die Pflege der Wege war so aufwendig geworden, dass 1989 erstmals ein vollamtlicher Wegmacher eingestellt wurde. An der Finanzierung beteiligten sich der Kanton, die Bezirke, die Bergbahnen und der Bergwirteverein. Die Bergwirtsleute führten dafür den Wasserrappen ein: Pro Liter verkaufter Getränke flossen zwei Rappen in die Wegmacherkasse. Mit der Umsetzung des Bundesgesetzes über die Wanderwege 2002 sind neu die Bezirke für die Wanderwege zuständig, während der Verein Appenzellerland Tourismus AI den Kanton bei der Dachorganisation «Schweizer Wanderwege» vertritt. Die Bergwirtsleute leisten jedoch nach wie vor über 1000 Stunden Fronarbeit pro Jahr für die Instandhaltung der Wanderwege.

77

Der Tod wandert mit

Bereits in der Pionierzeit offenbarte der Alpstein seine gefährliche Seite, und auch geübte Bergsteigende waren nicht vor dem Abstürzen gefeit. Schon 1871 beschäftigte sich die St. Galler Sektion des Schweizer Alpen-Clubs (SAC) mit den sich häufenden Bergunfällen. Emil Hildebrand zählte 1907 zu den Mitgründern der Sektion Appenzell des Schweizerischen Roten Kreuzes und bot Samariter- und Bergrettungskurse an. Es fanden sich bald Freiwillige, die sich als Bergretter zur Verfügung stellten. 1910 gründeten die Alpen-Clubs in der Säntisregion die Rettungskolonne Appenzell und legten den Grundstein für ein professionelles Bergrettungswesen.

Der Blick in die Unfallakten offenbart, dass neben Männern auch auffallend viele Frauen und Kinder in den Bergen unterwegs waren und abstürzten. Neben ungenügender Ausrüstung, rasch wechselnden Wetterbedingungen und dem unachtsamen Pflücken von Edelweiss abseits der Pfade wurde Gästen und Einheimischen oft die «Bergsteigerehre» zum Verhängnis. Diese hielt sie davon ab, bei Problemen um Hilfe zu rufen oder Lichtsignale abzusetzen.[157]

Obwohl die Bergretter ein enormes Risiko auf sich nahmen, schlug ihnen nicht nur Dankbarkeit entgegen. 1947 erklärten gleich sechs Bergretter ihren Rücktritt und schrieben an den Chef des Rettungswesens: «Bei dieser Gelegenheit müssen wir leider wieder einmal mehr konstatieren, dass unsere Aktionen in Bezug auf Organisation der Handhabung der taktischen Arbeit und Entlöhnung einer ständig abschätzigen Kritik von dieser & jener Seite ausgesetzt sind. […] Ab 1. Mai 1947 sind Unterzeichnete nicht mehr willens, durch eingangs genannte Stellen für irgend eine Rettungs- resp. Bergungsaktion sich aufbieten zu lassen.»[158]

In der frühen Bergrettung war der Tod allgegenwärtig. Jede Unfallakte erzählt ein Einzelschicksal. Beispielsweise wanderte am 22. Juli 1947 eine Familie zum Seealp-Boden. Beim Abendbrot in einer Gasthütte spielte ihr siebenjähriger Sohn Hansli mit einheimischen Kindern, und diese beschlossen, über den steilen Gläubtweg zur Altenalp zu wandern. Beim Abstieg nahm Hansli trotz Mahnungen einen anderen Weg und verunglückte tödlich. Neben der Schreckensnachricht erhielt die trauernde Familie eine Rechnung für die Bergungskosten in Höhe von 271 Franken.[159] Das entsprach etwa zwei Monatsgehältern eines Arbeiters. Darin enthalten war der Aufwand der Rettungskolonne, deren Unfallversicherung, die Transportkosten, die Legalinspektion, der Leichenbesorger, die fotografische Spurensicherung, Krankenhauskosten, die Polizeiarbeit und die Leichensackreinigung. Bis heute sind Bergrettungskosten in der Regel privat zu tragen.

Ab den 1960er-Jahren setzte sich die Luftrettung durch. Gleichzeitig kam mit dem Deltasegeln und Gleitschirmfliegen eine neue Herausforderung auf die Rettungskolonne zu. Trotz aller Sicherheitsmassnahmen bleibt das Bergwandern eine Tätigkeit, die eine gute Planung, eine angemessene Ausrüstung und körperliche Fitness erfordert. Die Hauptursachen für Unfälle sind nach wie vor Selbstüberschätzung und mangelnde Ausrüstung.

74
Wanderin bei der Saxerlücke. Fotografie Jack Metzler, 1964.

75
Der Wegmacher beim Unterhalt der Wanderwege auf dem Kastensattel, circa 1960.

76
Spektakuläre Bergrettung im Gebiet Äscher-Chlus. Fotografie Emil Grubenmann (1906–1979), Appenzell, 1950.

77
Rettungskolonne beim Mesmer. Fotografie Emil Grubenmann (1906–1979), Appenzell, 1965.

Wenn Heimat zur Marke wird: Der Aufstieg des Detailhandels

Entlang des stetig wachsenden Schweizer Autobahnnetzes entstanden in den 1960er- und 1970er-Jahren mit den Einkaufszentren neue Konsummöglichkeiten. Der wachsende Wohlstand veränderte die Beziehung zu den Lebensmitteln und Gebrauchsgütern nachhaltig. Der regelmässige Einkauf wandelte sich von der einst auf Sparsamkeit bedachten Pflicht zum lustvollen Vergnügen. Wie die Menschen die Welt entdeckten und bereisten, so wollten sie sich von der schier unendlichen Fülle an Konsumgütern überraschen lassen und Neues ausprobieren.

Den Betrieben in Appenzell Innerrhoden, die sich durch ihre meist lange Tradition und starke lokale Verwurzelung auszeichneten, gelang es, von diesem Trend zu profitieren, indem sie durch den konsequenten Rückbezug auf die eigene Herkunft und das heimische Brauchtum starke Marken schufen. In den Warenhausregalen der Schweiz waren und sind bis heute Produkte allgegenwärtig wie der Appenzeller Käse, Appenzeller Alpenbitter, Appenzeller Biber, Appenzeller Mostbröckli und das Bier der Brauerei Locher, seit 1992 auch unter dem Namen Appenzeller Bier.

In den 1970er-Jahren veranstalteten die Warenhäuser als Unterhaltungsangebot vermehrt Regionalwochen. Die Organisation von «Appenzellerwochen» im In- und Ausland zählte bald zu den etablierten Marketingstrategien des Verkehrsvereins und der verschiedenen heimischen Produzenten. Während dieser Zeit gab es neben Spezialaktionen für die regionalen Produkte in der Regel auch ein Rahmenprogramm mit Musikdarbietungen und Vorführungen. Bald schon beschränkten sich die Verkaufsaktionen nicht mehr nur auf die Einkaufszentren, sondern eroberten auch Gasthäuser, Bahnhofshallen, Messen und Alterszentren. Über ihre Produkte selbst und die Werbung trugen die Betriebe den Namen «Appenzell» in jeden Winkel der Schweiz und in die Welt. Als lokale Multiplikatoren in der Fremde agierten zudem ausgewanderte Appenzellerinnen und Appenzeller, die in verschiedenen Schweizer Städten und im Ausland Appenzellervereine gründeten, um die Geselligkeit zu fördern und die heimischen Bräuche zu pflegen.

Innerrhoden als krisenresistentes Tourismuswunder

Für die Schweizer Tourismusbranche waren die 1970er-Jahre keine rosige Zeit. Die weltweite Rezession führte zu einem Rückgang der ausländischen Gäste wegen des starken Schweizer Frankens und der schlechten Devisenkurse. Da vor allem deutsche Reisende auf die «teure Schweiz» verzichteten, musste sich die Werbetätigkeit des Verkehrsvereins vermehrt auf den Inlandtourismus richten. Und wie schon während des Zweiten Weltkriegs trumpfte der Kleinkanton in Krisenzeiten wieder auffallend auf. Obwohl der Tourismus in der Schweiz gesamthaft betrachtet zwischen 1974 und 1975 einen Frequenzrückgang von 10 Prozent hinnehmen musste, lag dieser für Innerrhoden nur bei 3,8 Prozent. Als sich die Schweiz 1977 durchschnittlich mit einer Zunahme von 2 Prozent auf dem Weg der Besserung wähnte, schwang Innerrhoden mit einem Plus von 18 Prozent oben aus.[160]

78

79

78
Aussendekoration für die «Appenzellerwochen» im Coop-Supermarkt auf der Bahnhofbrücke in Zürich. Fotografie Comet Photo AG, Zürich, 1969.

79
Eine Appenzeller Streichmusik spielte im Coop-Supermarkt auf der Bahnhofbrücke in Zürich anlässlich der «Appenzellerwochen». Fotografie Comet Photo AG, Zürich, 1969.

Bereits 1970 hatten die neuen Tourismusströme und auch die wachsenden Konflikte in Bezug auf den Ausbau der Infrastruktur und die sich verschlechternde allgemeine Wirtschaftslage in Innerrhoden zu einem erhöhten Bedarf an Daten und Studien zur Kantonsentwicklung geführt. Im Jahresbericht von 1970 konnte der Verkehrsverein verkünden: «Der Fremdenverkehr bildet heute die einzige ausbaufähige Industrie Innerrhodens. Diese Feststellung ist das Resultat wirtschaftswissenschaftlicher Untersuchungen; zu diesem Schlusse kommt aber auch jeder, der mit dieser Sparte irgend etwas zu tun hat. Die Behörden erachten deshalb den Ausbau der touristischen Möglichkeiten als einzigen Weg, die Struktur unserer Volkswirtschaft weiter anzuheben.»[161]

Dieser Kurswechsel der Behörden hin zum Tourismussektor kam nicht von ungefähr. Die Landwirtschaft, die in den ausgehenden 1960er-Jahren noch 36 Prozent der Bevölkerung beschäftigt hatte, schrumpfte von Jahr zu Jahr. Um die Industrie und das Gewerbe anzukurbeln, fehlte es an geeigneten Fachkräften. Daher sah sich der Kanton dazu gezwungen, die volkswirtschaftlichen Möglichkeiten des Fremdenverkehrs zu nutzen und den Tourismus so stark wie möglich zu fördern. Die an der Landsgemeinde gehaltene Rede von Landammann Leo Mittelholzer wurde im Geschäftsbericht der Staatsverwaltung 1970 folgendermassen wiedergegeben: «Angesichts der gewaltigen Konkurrenz auch auf diesem Sektor genügten Naturschönheiten, Brauchtum und Folklore an sich noch nicht, um Schritt zu halten; trotz der erfreulichen Belebung des Tourismus in den letzten Jahren müsse das Angebot unserer Gäste vielseitiger werden, müssten die Verkehrswege neuzeitlich gestaltet, Bestehendes erneuert und Sportanlagen geschaffen werden. Voraussetzung in all diesen Bestrebungen sei aber die Aufgeschlossenheit aller Mitbürger und die Bereitwilligkeit, finanzielle Opfer auf sich zu nehmen»[162].

Kon’nichiwa sekai
Reisende aus Japan in der Schweiz

80

Ab den 1960er-Jahren reisten immer mehr Japanerinnen und Japaner in die Schweiz. Doch woher kommt ihre Begeisterung für den kleinen Alpenstaat? 1963 lockerte Japan die Devisenrestriktionen, womit Auslandreisen wieder möglich waren. Noch im selben Jahr besuchten zwei Redaktoren einer japanischen Zeitung Appenzell Innerrhoden und liessen sich alle Vorzüge zeigen. Japanische Reiseunternehmen boten bald Europatouren an. 90 Prozent dieser Touren berücksichtigten die Schweiz, jedoch nur für wenige Tage.

Zwischen Tradition und Moderne

Der Alpenstaat bestach nicht nur mit idyllischen Landschaften, sondern auch mit Werten wie Zuverlässigkeit, Sauberkeit und Gastfreundschaft. Die japanische Gesellschaft erlebte zudem eine starke Verwestlichung und versuchte, die neuen Einflüsse mit ihren bestehenden Traditionen zu verbinden. Dies weckte das Interesse an der Schweizer Folklore und dem demokratischen System. So berichtete die damals progressive «Japan Times» regelmässig über die Landsgemeinden. 1957 erschien ein Artikel mit dem Titel: «Living Democracy – Old Folks-Moots Still Flourish». Darin hiess es: «Jede der fünf Landsgemeinden hat ihren eigenen besonderen Charakter. Die malerischste ist die Obwaldner Versammlung auf dem Schlossberg über Sarnen. Die hitzigste ist die von Nidwalden. In Glarus sind der Ring und die prächtige Bergkulisse am beeindruckendsten. In Appenzell, wo die Männer ein gutes Lied und einen guten Witz lieben, könnten wir die Vorgänge fast als die fröhlichsten bezeichnen, während sie in Appenzell Ausserrhoden am ehrwürdigsten sind.»[163] Und weil die Innerrhoder Männer an mehreren Landsgemeinden das Frauenstimmrecht ablehnten, das in Japan seit 1945 existierte, schafften sie es als «letzte Männerbastion Europas» regelmässig in die japanische Presse.[164]

Gleichzeitig interessierte sich Japan stark für die St. Galler und Appenzeller Stickereierzeugnisse und für die Textil- sowie Elektronikindustrie.

80
Titelseite der Menükarte mit Spezialitäten aus dem Appenzellerland im Hotel Hilton Tokyo, 1985.

Schwacher Dollar macht japanische Reisende begehrt

1972 nahm die Bedeutung des ostasiatischen Marktes für den Schweizer Tourismus markant zu, weil damals die Reisenden aus den Vereinigten Staaten wegbrachen. Hintergrund war eine durch die Nixon-Regierung verursachte Währungskrise, die mit einer Abwertung des Dollars einherging und zu Massenstornierungen führte. Diese Auswirkungen der weltweiten Konjunkturverschiebungen spürte auch der Innerrhoder Verkehrsverein, indem er 1974 einen Rückgang von 87 938 auf 84 590 Logiernächten verzeichnen musste, also ein Minus von 3,8 Prozent.[165] Die japanische Wirtschaft hingegen blühte, und die Kaufkraft war hoch.

Energisch buhlten die hiesigen Feriendestinationen um die Gunst der Gäste aus Fernost. Zürich und Genf lockten mit Luxusgütern, Bern und Wallis mit dem Jungfraujoch und dem Matterhorn, Luzern mit Luxusuhren und der Kapellbrücke, und ab 1974 eroberte die Kinderbuchheldin Heidi dank einer 52 Episoden langen animierten Serie die japanischen Herzen im Sturm. Und Innerrhoden? Innerrhoden hatte Richard Handl (1930–2004). Der in Appenzell aufgewachsene Gastwirt war 1959 in den Dienst der amerikanischen Hotelkette Hilton International getreten und hatte Karriere gemacht. 1963 erhielt er den Auftrag, mit einer ersten Niederlassung in Hong Kong den japanischen Markt zu erschliessen. Zehn Jahre später zog er nach Japan und führte das Hilton Tokyo. 1983 ernannte ihn Hilton International zum «Vice President – East Asia».[166]

Appenzeller Spezialitäten im Luxushotel

Handl versuchte in Japan mit Swissness zu punkten, und so kam eine Partnerschaft zwischen Hilton International und dem Verkehrsverein Appenzell Innerrhoden zustande. Damit sollte der südostasiatische Markt erschlossen werden. 1985 veranstaltete das Hilton Hotel Tokyo ein Appenzeller Festival.[167] Für diesen Anlass reiste die ehemalige Swissair-Flugbegleiterin, Skitouren- und Tourismusführerin Monika Breitenmoser nach Japan und vertrat Innerrhoden in der Tracht. Das Hotelrestaurant Sakura wartete mit 28 Gerichten aus der Region Appenzellerland auf. Die Gäste kamen unter anderem in den Genuss von Gerstensuppe mit weissen Bohnen, Appenzeller Käsesalat, Appenzeller Kalbsbratwurst mit Kartoffeln und einer Appenzeller Haselnusstorte. Neben den Hotelgästen luden die Gastgebenden gezielt auch die lokalen Reiseorganisationen ein. Diese konnten sich von den Vorzügen des Appenzellerlands überzeugen. Aufgrund des Erfolgs wurde das Food-Festival mehrmals wiederholt. Der kulturelle Austausch funktionierte in beide Richtungen, denn in Appenzell waren immer wieder japanische Gruppen zu Gast und führten ihre Musik und Tänze auf.

Die japanischen Reisegruppen berücksichtigten das Appenzellerland von da an regelmässig. An die Frequenzen der deutschen und amerikanischen Gäste kamen sie aber bei Weitem nie heran.

81
Stewardessen vor dem Swissair-Flugzeug «Appenzell Innerrhoden». Fotografie Swissair, 1968.

81

Mit einer «Sekretärin» statt eines «Kurdirektors» auf dem Weg zur Professionalisierung

Die erhöhten Subventionen des Kantons, der Bezirke und des Bundes sowie die höheren Mitgliederbeiträge und Kurtaxen ermöglichten es dem Verkehrsverein, die Vereinsstrukturen rasch und professionell auszubauen. Zur Findung eines Verkehrsdirektors oder Geschäftsführers schrieb der Vorstand 1971 in verschiedenen Zeitungen die Stelle eines Kurdirektors aus. Von den 20 Bewerbungen bestach nur eine, doch bevor der Gesamtvorstand darüber abstimmen konnte, zog der Betreffende die Bewerbung zurück, da er «zum Direktor eines bedeutenden Berner Oberländer Kurortes gewählt»[168] worden war. Aus dieser Enttäuschung heraus und auch, weil «die Reaktion über die Stellenausschreibung in der Öffentlichkeit vielfach negativ war», entschied der Vorstand, anstelle eines Geschäftsführers eine «Sekretärin»[169] anzustellen. Die bisher ehrenamtlich ausgeführten Dienstleistungen konnten ab 1972 erstmals von einer professionellen Arbeitskraft erbracht werden. Die erste vollamtliche «Sekretärin», Vreny Fuster, kam aus dem Hotelfach, hatte lange für Reisebüros gearbeitet und verfügte über Fremdsprachenkenntnisse. Der Verein war stolz: «In Frl. Fuster haben wir glücklicherweise die geeignete Mitarbeiterin, die in ihrer schmucken Tracht und mit ihrer Sprachgewandtheit eine vortreffliche Botschafterin unseres Landes ist.»[170]

Gleich nach der Anstellung erfolgte der Umzug des Verkehrsbüros an die Hauptgasse 19 ins ehemalige Haus Harmonie; der Verein erhielt so 20 Jahre nach der Auflösung des Chalets auf dem Bahnhofplatz wieder einen eigenen offiziellen Standort. Bei der Einweihung des neuen Verkehrsbüros am 6. April 1972 nutzte der Vereinsvorstand die Gelegenheit, vor den Gästen und der Presse «über die Probleme unseres Fremdenverkehrs zu sprechen»[171], was prompt zu spontanen Spenden führte. Man konnte zufrieden sein: «Das neue Verkehrsbüro wurde zu einer ausgezeichneten Visitenkarte für unser Land, und es hat in den ersten Wochen seit der Inbetriebnahme den Wert auch in der Praxis bezeugt.»[172] Finanziell besser abgestützt und mit dem Kanton als Rückendeckung konnte der Verkehrsverein die Tourismusentwicklung weiter vorantreiben.

Aktivurlaub, Discos und Spielsalons: Die neue Unterhaltungskultur

Für den touristischen Weiterbestand mussten erneut die Weichen gestellt werden, wie der Vereinsvorstand 1973 im Ausblick des Jahresberichts schrieb: «Die Zukunft unseres Gebietes liegt im Wesentlichen in den Wander- und Erholungsmöglichkeiten. Dennoch müssen die Kurorteinrichtungen auch attraktiv sein. Bei den in unserer Höhenlage häufig vorkommenden Schlechtwetterperioden muss der Gast beschäftigt werden können. Das neue Hallenschwimmbad ist sicher eine wertvolle Ergänzung. [...] Ebenso ist dem Unterhaltungssektor Beachtung zu schenken.»[173] Das Hallenbad Appenzell wurde 1972 eröffnet und war ein wichtiger Meilenstein, um den neuen Bedürfnissen der Gäste sowie der Einheimischen gerecht zu werden. Zur Durchführung von Konzerten und Aufführungen diente ab 1972 zudem die Aula auf dem Schulareal Gringel. Diese konnte auch als Kongresssaal genutzt werden. 1974 durften rund 2400 Personen aus allen Gegenden der Schweiz in Appenzell anlässlich von Tagungen empfangen werden. Das Verkehrsbüro vermittelte dabei die Hotelübernachtungen. Bei einigen Tagungen durfte es «die beliebten Damenprogramme»[174] ausarbeiten und die Führungen übernehmen. Ebenfalls organisierte der Verein das Programm «Aktiver Urlaub in der Ostschweiz» mit und bot Kurse für Alphornblasen an. 1975 kündigte Vreny Fuster ihre Stelle, und auf sie folgte nun doch noch ein Mann. Der Verein benannte die Stelle der «Sekretärin» um und stellte Leo Gmünder als ersten vollamtlichen Geschäftsleiter ein.

Die Standeskommission unterstützte derweil fleissig die Bedürfnisse des Tourismus, insbesondere beim Bau neuer Ferienwohnungen und Matratzenlager. Auch eine Kellerbar hätte sie zugelassen, stiess jedoch beim Wirteverein auf Widerstand. 1974 bewilligte die Standeskommission die Einrichtung eines Bar- und Dancingbetriebs im Hotel Rössli in Steinegg, was zu mehreren Einsprachen führte.[175] Ein Begehren um Eröffnung eines Spielsalons im Jahr 1975, wofür es keine gesetzliche Grundlage gab, hielten die Behörden und das Dorf auf Trab. Die Standeskommission wollte einen solchen unter strengen Auflagen dulden, verlangte aber unter anderem ein striktes Ausschankverbot von Alkohol und den Verzicht auf den Verkauf von Nahrungsmitteln, die Schliessung des Salons bis spätestens 23 Uhr, komplette Schliessung während der Feiertage, keinen Zutritt für Jugendliche unter 18 Jahren sowie die Möglichkeit zu unangekündigten Kontrollen.[176]

1979 trat die neue Verordnung betreffend Spielautomaten und Spiellokale in Kraft. In der Erläuterung vor dem Grossen Rat meinte der Landesfähnrich: «Unterhaltungsautomaten wie Musikautomaten, automatische Kegelbahnen, Flipper- und Billardkästen, Anlagen für Tischfussball und Geldspielautomaten sind heute für viele Leute ein Bestandteil ihres Freizeitvergnügens geworden»[177]. Dabei betonte die Standeskommission, dass es ihr nicht darum gehe «die Art der Freizeitgestaltung zu werten»[178], sondern Rahmenbedingungen zum Schutz vor Missbrauch zu schaffen. Dank dieser Verordnung konnten nun auch Gastbetriebe eine geringe Zahl solcher Automaten aufstellen und so ihr Unterhaltungsangebot erweitern. Im gleichen Jahr eröffnete das «Retonio-Center». Dabei handelte es sich um ein Spieldosen- und Musikautomatenmuseum inklusive Restaurant und Dancing, das dem umtriebigen Bauchredner und Zauberkünstler Reto Breitenmoser gehörte. Das in der Nähe des Bahnhofparks gelegene Center mauserte sich bald zu einer beliebten Tourismusattraktion und hatte bis in die 1990er-Jahre Bestand.

82

Tanzen ist kein Grundrecht
Chronik eines umstrittenen Gesetzes

Das Tanzen als Ausdruck von Geselligkeit ist in der Schweiz stark von regionalen Formen und Bräuchen geprägt. Wirtschaften und Hotels etablierten sich als bevorzugte Orte von Tanzveranstaltungen. In Appenzell Innerrhoden pflegte die Bevölkerung zudem während der Alpsaison die traditionellen Alpstobeten, wo sich Einheimische und Gäste in den Bergwirtschaften trafen und zu Volksmusik tanzten. Gleichzeitig gaben die Behörden Regeln vor und verbaten das Tanzen während der Fastenzeit und religiösen Feiertage sowie an Sonntagen. Die Wirtshausbetreibenden konnten aber Ausnahmebewilligungen beantragen.

Tanzverbot anstatt Freinacht

1887 forderten die Wirtsleute in Appenzell Innerrhoden, das sonntägliche Tanzverbot zugunsten der Gäste aufzuheben. Der Grosse Rat verwarf das Anliegen knapp, worauf die Wirtsleute vor Bundesgericht zogen, das jedoch bestimmte: «Weder die Bundes- noch die Kantonsverfassung statuiert ein Grundrecht des Bürgers von Appenzell I.-Rh., selbst zu tanzen oder Tanzvergnügen bei sich abzuhalten. Die Gesetzgebung ist daher frei, in landesväterlicher Fürsorge Tanzbeschränkungen einzuführen.»[179] 1909 verabschiedete das Volk ein neues Wirtschaftsgesetz und bestätigte das Tanzverbot.

1927 verweigerten die Behörden die Bewilligung für eine Freinacht zum schweizerischen Studentenfest. Die Studentenvereinigung verlegte den Anlass nach Altstätten, wo die Bestimmungen lockerer waren, was der Verkehrsverein mit Bedauern zur Kenntnis nahm.[180] Ein Jahr später reagierte er und lancierte eine Initiative zur Lockerung des Wirtschaftsgesetzes, die er aber zugunsten einer von der Standeskommission versprochenen Totalrevision zurückzog. Das Thema war höchst umstritten. Landesfähnrich Albert Rechtsteiner erläuterte in der Herbstsession vom 25. November 1930: «Aus taktischen Gründen wurden die Bestimmungen über das Tanzen in ein besonderes Gesetz aufgenommen, da man sich sagte, dass hinsichtlich der Tanzvorschriften die Ansichten jedenfalls am weitesten auseinandergehen werden.»[181] Um nicht das gesamte Wirtschaftsgesetz zu gefährden, koppelte der Grosse Rat das Tanzverbot aus und fasste es in ein eigenes Gesetz, über das separat abgestimmt werden konnte.

82
Tanzpaar in Festtagstracht. Fotografie Edition Photoglob, Zürich, undatiert.

83

Sorge um überhitzte Tanzwütige

Ratsherr Emil Hildebrand beteiligte sich ebenfalls an der Debatte und kämpfte für eine Lockerung. Einzig beim Tanzschluss votierte er dafür, dass dieser eine Stunde vor der Polizeistunde erfolgen solle. Als Arzt fand er es bedenklich, wenn die Tanzenden mit ihren aufgeheizten Körpern direkt in die Kälte hinausgingen. Die Mehrheit betrachtete es jedoch nicht «als Aufgabe des Staates, Gesundheitsregeln in die Gesetze aufzunehmen»[182], wie Landammann Carl Rusch es formulierte, und appellierte an die Vernunft.

1931 traten das revidierte Wirtschafts- und 1935 das neue Tanzgesetz in Kraft. Während im Wirtschaftsgesetz tourismusfreundliche Lockerungen durchgekommen waren, blieb das Tanzverbot weitgehend erhalten. So war das Tanzen weiterhin während der Advents- und Fastenzeit verboten. Kinder unter 16 Jahren durften überhaupt nicht tanzen und einheimische Gesellschaften nur einmal jährlich einen Tanzanlass organisieren. Fremde Gesellschaften hingegen konnten mehrmals eine Bewilligung beantragen.[183]

1965 wurde das Tanzverbot unverändert in das neue Gastgewerbegesetz integriert. Inzwischen forderten auch die Jugendlichen nach mehr Freiräumen und Unterhaltung. Gleichzeitig arbeitete der Verkehrsverein an seiner Vision einer Wintersportregion, weshalb ihn das Tanzverbot während der Fastenzeit besonders störte. 1970 versuchte der Vorstand mittels einer Eingabe an den Grossen Rat eine Ausnahmeregelung für «dem Tourismus dienende Veranstaltungen» zu erwirken.[184] Diese einseitige Bevorteilung der Gäste blieb vor der Landsgemeinde chancenlos.

84

Bundesgericht bringt Appenzeller Bär zum Tanzen

Der Durchbruch gelang dem Wirt Guido Streule vom Hotel Rössli. Er betrieb in den 1980er-Jahren ein Dancing und ärgerte sich, dass er von der Standeskommission für die Fasten- und Adventszeit keine Ausnahmebewilligung erhalten hatte. 1982 zog er vor Bundesgericht und erhielt recht: Das Gericht erklärte das 1981 angenommene Wirtschaftsgesetz für verfassungswidrig, da ein generelles Tanzverbot die Gewerbefreiheit verletze.[185] Die Standeskommission beugte sich widerwillig «den Begleiterscheinungen einer Zeit, die anscheinend für Ruhe und Besinnung nicht mehr viel übrig hat»[186], und lockerte 1994 das Tanzverbot. Nun tanzte der Bär – mit Ausnahme der hohen Feiertage und der Karwoche. Diese letzten Einschränkungen wollte der Grosse Rat 2009 in der ersten Lesung des revidierten Gastgewerbegesetzes aufheben, aber nach Interventionen der Kirche schwenkte er wieder um. Bis heute ist das Tanzen in allen Gastgewerbebetrieben am Aschermittwoch, Ostersonntag, Pfingstsonntag, Fronleichnam, Eidgenössischen Bettag und Weihnachtstag sowie in der Karwoche bis zur Polizeistunde des betreffenden Tages untersagt.

83
Das Hotel und Kurhaus Steinegg lud via Inserat im Fremdenblatt zu Tanz und musikalischer Unterhaltung ein, circa 1900.

84
Alpstobete auf der Potersalp. Fotografie Emil Grubenmann (1906–1979), Appenzell, circa 1970.

Verkehrsbüro wird Reisebüro und Konzertkasse

Während das Tanzen für hitzige Debatten sorgte, stiess das neueste Angebot des Verkehrsvereins auf positive Resonanz. Ab 1977 diente das Verkehrsbüro auch als Reisebüro für die Einheimischen. Letztere nahmen dieses einmalige Angebot vor Ort rege in Anspruch und spülten damit zusätzliche Mittel in die Vereinskasse. Im selben Jahr bot der Verkehrsverein zudem einen Kurs für Fremdenführerinnen und -führer in Appenzell an, womit regelmässige Dorfbesichtigungen ins Angebot aufgenommen werden konnten, die bald nicht mehr wegzudenken waren.[187] Ab 1978 übernahm das Verkehrsbüro zusätzlich die Vorverkaufsstelle für die Theater- und Konzertabende der Vereine sowie für diverse Konzert- und Liederabende in- und ausländischer Orchester und Chöre, womit es ebenfalls zu einem Dienstleister sowohl für Gäste als auch Einheimische wurde.[188]

So konnte Geschäftsführer Leo Gmünder 1978 stolz das kleine Tourismuswunder von Appenzell gegenüber der Presse erklären, das er selbst auf drei Gründe zurückführte: erstens die Eröffnung des Hallenbads und die Sanierung des Freibads, zweitens das verbesserte Gesamtangebot und drittens die Eröffnung des Verkehrsbüros.[189]

Blechlawine im Dorf trotz Entlastungsstrasse

1971 schrieb der Verkehrsverein optimistisch: Es «bahnt sich eines der wichtigsten Werke an, das unser Ländchen je unternommen hat.»[190] Der Bau der Entlastungsstrasse Appenzell begann. Ziel war es, das Dorf Appenzell vom Durchgangsverkehr zu befreien. In einer zweiten Etappe sollte die Weiterführung über den Hirschberg nach Steinegg gebaut werden, doch es gingen über 27 Einsprachen ein, und die Realisierung zog sich in die Länge. Auch nach der Eröffnung der Entlastungsstrasse Appenzell stellte der Vorstand 1973 ernüchtert fest: «Leider zeigte sich bald, dass diese nicht den gewünschten Erfolg erzielten, denn der Verkehr durch die Enge der Hauptgasse war nach wie vor zeitweise fürchterlich. Wenn die entsprechende Signalisation, die besonders den Schwerverkehr aus dem Dorf bringen muss, nicht logisch angepasst wird, sind die Millionen umsonst verpufft worden.»[191] So fasste der Verkehrsverein an der Generalversammlung ein heisses Eisen an, indem er sich bereits 1973 für ein Fahrverbot im Dorfkern und die Anlage von Parkplätzen in der Peripherie aussprach. Er bezeichnete den damaligen Zustand als Chaos und erwähnte die Reklamationen auswärtiger Organisationen über die Verkehrsbelästigungen in der Hauptgasse. Man sei heute gleich weit wie vor 30 Jahren, klagte die Bevölkerung. Und im Dorf gäbe es alles Erdenkliche, nur keine Ruhe.

Mit seinem Bestreben stand der Verkehrsverein nicht allein da. Überall in der Schweiz brachen in den 1970er-Jahren heftige Debatten um die autofreien Kernzonen von Dörfern und Städten aus. In Appenzell bildete sich zu dieser Zeit die Gruppe für Innerrhoden (GFI). Es handelte sich um eine überwiegend von jungen Menschen getragene Oppositionsgruppe mit parteiähnlichen Strukturen, die sich der Förderung der politischen Willensbildung verschrieb. In den 1970er-Jahren war die GFI damit

85
Durch die Hauptgasse drängten sich sowohl Personen wie auch Autos, Lastwagen und Busse. Fotografie Emil Grubenmann (1906–1979), Appenzell, circa 1970.

85

86

beschäftigt, für die Einführung des obligatorischen Stimm- und Wahlrechts für Frauen zu weibeln und Vorschläge für eine neue Kantonsverfassung auszuarbeiten. In den 1980er-Jahren sammelte sie fleissig Unterschriften für eine autofreie Hauptgasse. Mit der Umsetzung dauerte es aber in Appenzell überdurchschnittlich lange, nämlich bis 1993, denn die Einheimischen hingen an ihrer Dorfdurchfahrt und dem damit verbundenen Komfort. Das Thema des autofreien Dorfkerns war damit nicht beendet, sondern verlagerte sich auf andere Bereiche wie den Schmäuslemarkt und den Landsgemeindeplatz.

86
Die Luftaufnahme zeigt, wie stark der Dorfkern Appenzell vor 1993 von Durchgangsverkehr und Parkplätzen geprägt war. Fotografie Franz Bock, 1984.

Als es in der Feriendestination Schweiz zum Himmel stank

Manchmal gerät eine Tourismusdestination unerwartet in eine heftige Abwärtsspirale. Diese Tatsache spürte Innerrhoden 1963, als das Ferienland Schweiz international in Verruf geriet. Das dafür verantwortliche Ereignis ging als «Fall Zermatt» in die Schweizer Tourismusgeschichte ein und bildete einen der grössten Skandale in der Branche.

Der «Fall Zermatt» macht Schlagzeilen

Im März 1963 tummelten sich im Winterkurort Zermatt anlässlich des Gornergrat-Derbys über 7000 Gäste aus aller Welt. Der Sportanlass endete jedoch in einer Katastrophe, als eine Typhusepidemie ausbrach. Rund 437 Personen erkrankten zum Teil schwer. Erst als drei Todesfälle publik wurden, reagierten die Behörden und schlossen sämtliche Hotels, Restaurants, Bars und Skipisten. Ein Notspital musste eröffnet und die Armee sowie das Rote Kreuz aufgeboten werden. Tausende Gäste verliessen vor den Kameralinsen der internationalen Medien fluchtartig Zermatt.[192]

Auch die übrigen Kantone trafen Massnahmen. In Innerrhoden sollten alle betroffenen Personen bei Symptomen den Hausarzt aufsuchen. Im Geschäftsbericht der Staatsverwaltung meldete das Gesundheitsamt: «Es scheint, dass diesem Aufrufe Folge geleistet wurde, denn unsere Aerzte hatten keine Typhusfälle zu melden, die irgendwie mit Zermatt im Zusammenhang standen. Sonst scheint die ärztliche Meldepflicht nicht sehr gewissenhaft befolgt worden zu sein.»[193]

Ursache der Katastrophe war verunreinigtes Trinkwasser gewesen. Hinzu kam, dass die Behörden im Vorfeld mehrfach von Ärztinnen und Ärzten auf die Übelstände aufmerksam gemacht worden waren, aber nicht reagiert hatten. Das Image der Schweiz als sauberes und ehrliches Land war ruiniert, und es kam zu Massenstornierungen von Buchungen. Der Innerrhoder Verkehrsverein stellte fest, dass viele Gäste fernblieben und schrieb im Jahresbericht 1963: «Der Rückgang ist ausschliesslich dem ‹Fall Zermatt› zuzuschreiben, da dieser in Deutschland sehr ‹ausgeschlachtete› Fall ausgerechnet zur Buchungszeit ausbrach und darum viele ältere Leute von einer Reise in die Schweiz abhielt.»[194] In der gesamten Ostschweiz ging der Auslandtourismus um gut 3 Prozent zurück, in Innerrhoden waren es knapp 2 Prozent.[195] Doch in einer Welt, in der sich Informationen immer schneller verbreiteten, verebbten auch die Skandale schnell und die Zahlen erholten sich wieder. Ein juristisches Nachspiel gab es für die Gemeinde Zermatt dank grosszügiger Feriengutscheine und Entschädigungs- sowie Ausfallzahlungen nicht.[196]

Innerrhoden mit Pionierleistung in der Abwasserentsorgung

Die Trinkwasserverschmutzung traf die Schweiz an einem wunden Punkt, da die Abwasserentsorgung in vielen Tourismusregionen nicht mit dem Bauboom mithalten konnte. Verschiedene Gewässer waren derart verschmutzt, dass Badeverbote verhängt werden mussten. Obwohl seit 1957 ein Bundesgesetz über den Gewässerschutz in Kraft war, schuf erst eine Gesetzesrevision 1962 die finanzielle Grundlage für den flächendeckenden Bau von modernen Kläranlagen. Der Bundesrat forderte die Kantonsregierungen auf, sich zu vergewissern, «dass die Gemeinden der Versorgung mit einwandfreiem Trinkwasser ihre volle Aufmerksamkeit schenken»[197]. Auch in Innerrhoden war die Situation zum Teil prekär, wie Ratsherr und Ingenieur Jakob Hersche 1963 betonte: «Man soll sich nur an Zermatt erinnern. Es werden immer noch bedenkenlos Abwasser, selbst aus Abortanlagen, in die nächstliegenden Bächlein geleitet, an deren Ufer oftmals kleine Kinder spielen oder sogar aus ihm Wasser trinken. [...] Die Pflicht des Gewässerschutzes darf nicht bagatellisiert werden.»[198] Der Kanton machte vorwärts und investierte in den 1960er- und 1970er-Jahren etwa 27 Millionen Franken in den Ausbau des Kanalisationsnetzes und die Errichtung von Abwasserreinigungsanlagen.

Während im Tal der Ausbau rasch voranschritt, erwies sich der Alpstein als Herausforderung. Er diente den Kantonen Appenzell Innerrhoden, Appenzell Ausserrhoden und St. Gallen als Trinkwasserspeicher. Mit dem Tourismus stieg auch die Belastung durch das Abwasser, das häufig einfach in einer Geröllhalde versickerte. Andere Bergregionen transportierten den Unrat mittels Container über Luftseilbahnen ab oder bauten Minikläranlagen, deren Bakterienhaushalt jedoch unter den starken Frequenzschwankungen litt. 1983 setzte Innerrhoden auf eine neue Technologie und liess extraleichte Kunststoffröhren mittels eines Helikopters vom Hohen Kasten bis in die Kläranlage Brülisau verlegen. 1997 waren alle Berggasthäuser an das Leitungsnetz angeschlossen. Einen erheblichen Teil der dafür anfallenden Kosten mussten die Wirtsleute stemmen.

87
Die Abwasserleitungen für den Hohen Kasten wurden mithilfe eines Helikopters direkt am Hang verlegt, 1983.

87

Land-
schaft,
Brauch-
tum
und
Kultur

Der Weg ins 21. Jahrhundert

Die wachsenden Besucherfrequenzen und steigenden Ansprüche stellten hohe Anforderungen an die Infrastruktur. Das machte einen weiteren Ausbau des Verkehrsnetzes und der Angebote notwendig, insbesondere im Unterhaltungsbereich. Dennoch bekam die Tourismusbranche verstärkt die Grenzen des stetigen Wachstums zu spüren. Diversifikation, Modernisierung und damit verbunden ein professionelles Marketing entwickelten sich zu überlebenswichtigen Faktoren in einer immer kompetitiveren Welt. Der Kur- und Verkehrsverein Appenzell Innerrhoden wurde 1994 zum Verein Appenzellerland Tourismus AI und die Auskunftsstelle zur Tourist Information. Anstatt die Masse zu bespassen, besann sich der Verein zurück auf die eigenen Werte und forderte Qualität statt Quantität. Als kleiner Kanton war Appenzell Innerrhoden immer mehr auf gebündelte Kräfte und die Nutzung von Synergien angewiesen, was ab den 1990er-Jahren zu mehreren sparten- und kantonsübergreifenden Kooperationen führte. Dank einer gelungenen Verschränkung von Tradition und Innovation gelang es mit vereinten Kräften, die Marke «Appenzellerland» auszubauen und ins digitale Zeitalter zu führen.

Kultur, Tradition und gelebtes Brauchtum: Das neue Tourismusleitbild

Die 1980er-Jahre starteten mit einem Rekordjahr. 1981 verzeichneten die Übernachtungen in Innerrhoder Hotels gegenüber dem Vorjahr eine Zunahme um 10,95 Prozent, jene in Berggasthäusern und Massenlagern eine um 6,5 Prozent. Der Frankenkurs bewegte sich in normalen Bahnen, und der Schweiz gelang es endlich, «das Image als Hochpreisland abzubauen»[199], wie der Präsident des Innerrhoder Verkehrsvereins bemerkte. Die Gäste schätzten vor allem die Natur und die Gastfreundschaft. Während der Verkehrsverein jahrzehntelang für die Förderung und Steigerung des Tourismus gekämpft hatte, musste er nun sicherstellen, dass die Gastfreundschaft «trotz zunehmender Touristenfrequenz nicht abflacht und nicht auch Appenzell in den Sog der anonymen Ferienzentren gerät»[200]. Auch die Herkunftsländer der Reisenden veränderten sich. Während Schweizerinnen und Schweizer immer noch 75 bis 80 Prozent der Übernachtungsgäste ausmachten, kamen wieder mehr Gäste aus den Vereinigten Staaten und neu aus Finnland, Israel, Australien und Südostasien.

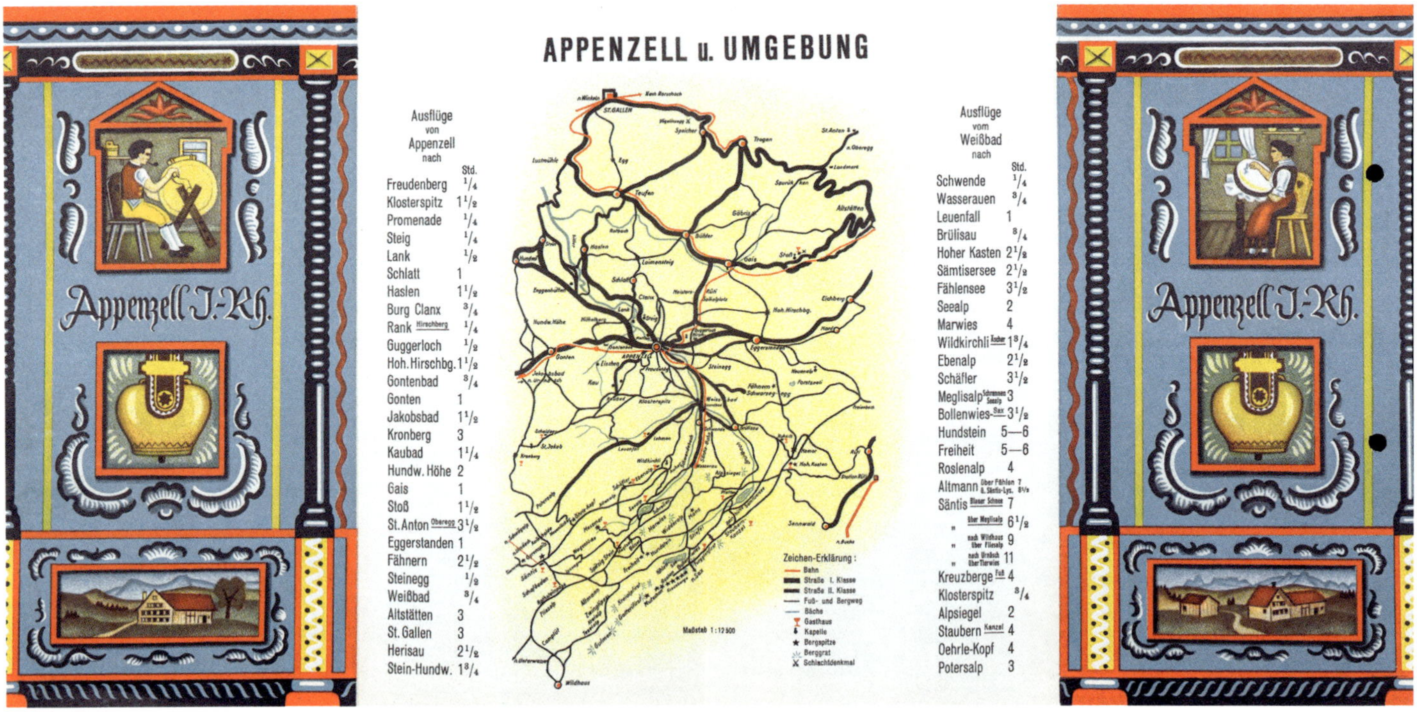

88

Gleichzeitig setzte in den 1980er-Jahren ein wachsender Personalmangel im Tourismussektor ein, der auch vor Innerrhoden nicht Halt machte. Das Verkehrsbüro hingegen konnte sein Personal aufstocken. 1981 war neben Geschäftsleiter Leo Gmünder eine Sekretärin angestellt, ab 1982 bildete das Team erstmals Lernende aus.

Obwohl sich Appenzell Innerrhoden wachsender Beliebtheit bei den Reisenden erfreute, litt der Ferienstandort nach wie vor unter einem grossen Unsicherheitsfaktor: dem Wetter. Besonders der Ausflugstourismus, die Berggasthäuser und Massenlager waren stark vom Wetter abhängig. Die Gäste kamen gemäss Befragungen in erster Linie zum Wandern und zur Erholung. Und wer wollte schon bei Regen und Kälte wandern? Der Verkehrsverein sah immer deutlicher, dass das Angebot weiter verbreitert werden musste, um auch bei schlechtem Wetter genügend Unterhaltung bieten zu können.

Der Verkehrsverein setzte sich also in den 1980er-Jahren intensiv damit auseinander, Appenzell Innerrhoden als ganzjährige Ferienregion attraktiver zu gestalten. Interessanterweise lag das Augenmerk vor allem auf der Erschliessung und Erhaltung des Erholungsraums im Talgebiet, nachdem sich der Verein während der vorangehenden Jahrzehnte stark für die Erschliessung der Berge durch Seilbahnen und Wanderwege eingesetzt hatte: «Parallel dazu müssen wir uns aber auch bemühen, genügend Erholungsraum in der Nähe der Dörfer zu erhalten. Mit dem immer grösser werdenden Verkehrsaufkommen wurden die Fussgänger überall verdrängt.»[201] Abwechslungsreiche und gut unterhaltene Wanderwege sollten die Ortschaften im

90

Tal miteinander verbinden. Eine erste Massnahme hierzu war 1985 der Ausbau der Talwanderwege von Weissbad über Brülisau und Appenzell nach Gonten. Verheissungsvoll klangen auch die auf Privatinitiative entstandenen Pläne für ein neues Kurhaus in Weissbad und die damit verbunde Realisierung eines Seminarzentrums.

Der wirtschaftliche und gesellschaftliche Wandel verlangte nicht nur in der Produktebranche, sondern auch im Tourismus nach Innovation und Diversifikation, um von der einseitigen Ausrichtung wegzukommen. 1983 unternahm der Verein eine Standortbestimmung, und die Gruppe für Innerrhoden (GFI) veranstaltete Fachvorträge, Podiumsgespräche, Diskussionen und Gruppenarbeiten, um den Tourismus im Kanton von verschiedenen Seiten zu beleuchten. An der Hauptversammlung 1984 konnte der Vorstand seinen Mitgliedern die «Richtlinien 1984 – touristische Entwicklung» präsentieren. Erstmals besass der Verein ein Marketingkonzept und ein Tourismusleitbild. Die Ferienregion Appenzell lebe von den Merkmalen «Kultur, Tradition, gepflegtes Brauchtum, lebendige Folklore, reine Luft, echte Natur, Harmonie der Landschaft und Natürlichkeit der Bevölkerung»[202]. Der Gast fühle sich in den persönlich geführten und familiären Hotels, Gasthäusern und Restaurants geborgen. Dafür standen 36 Beherbergungsbetriebe im Tal mit circa 1000 Betten und 500 Übernachtungsplätzen in der Parahotellerie zur Verfügung. Als Erholungs- und Sporteinrichtungen dienten das Hallenbad und die Tennishalle, das Freibad, ein Vitaparcours und eine Minigolfanlage. Das Konzept forderte einen Ausbau des Sportangebots und der Talwege, mehr Kultur mit Museen, einer öffentlichen Bibliothek, Kurs- und

88
Faltprospekt des Kur- und Verkehrsvereins im Möbelmalereidesign mit Wanderwegnetz in Appenzell und Umgebung, circa 1980.

89
Der Alpaufzug (hier zur Alp Bommen) ist ein Beispiel lebendiger Folklore. Fotografie Heinz Baumann, circa 1980.

90
Trachtenkinder, Alphornbläser und Kühe auf der Ebenalp. Ansichtskarte Foto Gross, St. Gallen, circa 1980er-Jahre.

91

92

Familienangeboten sowie Veranstaltungen. Zudem unternahm der Verkehrsverein 1984 erneut einen politischen Vorstoss, um einen verkehrsfreien Dorfkern zu erreichen. Die Standeskommission lehnte das Anliegen ab, weil sie zuwarten wolle, bis die Verbindungsstrasse im Quartier St. Anton erstellt sei. Dafür gewährte die Standeskommission eine Erhöhung der Kurtaxe ab 1984.[203]

Gemeinsames Marketingkonzept und Schulung im Umgang mit Gästen

1985 lancierte der Verkehrsverein ein neues Marketingkonzept und hielt im Jahresbericht fest: «Nur ein landschaftsschonender, von den Ortsansässigen mitgetragener Tourismus ist wirtschaftlich langfristig ergiebig.»[204] Der Auftritt nach aussen sollte zusammen mit dem Verband der Ausserrhoder Verkehrsvereine geschehen und die Region Appenzellerland als Gesamtes vermarktet werden. Es kam zu einer Zusammenarbeit in den Bereichen Marktforschung, Öffentlichkeitsarbeit, Werbung und Verkaufsförderung. Nach aussen traten die Vereine unter dem Slogan «Appenzellerland – heimeliges Ferienland» auf und wählten eine neue Leitfarbe: «Die touristische Farbe, die so oft wie möglich zu verwenden ist, ist grün.»[205] Die konsequente Anwendung der grünen Farbe in den Druckerzeugnissen erfolgte jedoch erst im Jahr 2000.

Eigenständig und damit konkurrierend blieb man aber bei der Angebotspolitik, der Gästeberatung und der Öffentlichkeitsarbeit nach innen. Das ganze Gebilde und das Nebeneinander von gemeinsamen und konkurrierenden Interessen waren eine anspruchsvolle Ausgangslage, oft kam es zu Misstönen und «Effizienz- sowie Reibungsverlusten»[206], doch es bestand der Wille, zusammen in die Zukunft zu gehen. Eine wichtige Rolle in der Neuausrichtung und Professionalisierung des Ver-

91
Gemeinsamer Prospekt «Heimeliges Appenzellerland» des Kur- und Verkehrsvereins Appenzell Innerrhoden und des Verbands Appenzell Ausserrhoder Verkehrsvereine, circa 1985.

92
Die Schwestern Marie Fritsche-Fässler (Wirtin), Hedy Fässler, Fine Koller-Fässler und eine Serviertochter (von links) mit Fleischplatten beim Berggasthaus Forelle am Seealpsee. Fotografie Emil Grubenmann (1906 – 1979), Appenzell, Ende 1950er-Jahre.

93
Karte des Tourismusgebiets Appenzellerland, herausgegeben vom Kur- und Verkehrsverein Appenzell Innerrhoden und Verband Appenzell Ausserrhoder Verkehrsvereine, circa 1960.

93

kehrsvereins spielte Willy Rasso, der zwischen 1905 und 1907 als Präsident und danach bis 2000 als Geschäftsführer des Tourismusvereins tätig war. Er führte das Verkehrsbüro anfangs mit Annemarie Graf-Sutter, Antonia Fuchs und Susanne Wyss und baute sein Team stetig aus.

Die Rezession der 1990er-Jahre infolge der Golfkrise und des Kriegs im ehemaligen Jugoslawien führte schweizweit zu einem stagnierenden Tourismusmarkt. Auch das Nein der Schweiz zum Beitritt zum Europäischen Wirtschaftsraum (EWR) 1992 wirkte sich negativ auf die Schweizer Betriebe aus. Die Exportunternehmen gerieten unter Druck, die Banken gingen in die Defensive. Inflation und hohe Arbeitslosigkeit führten dazu, dass die Konsumausgaben nicht mehr anstiegen, was sich auch im Tourismusgeschäft niederschlug. Während sich viele Schweizerinnen und Schweizer in bisherigen Krisen jeweils vermehrt auf Ferien im eigenen Land konzentriert hatten, unternahmen sie nun vermehrt immer billiger werdende Pauschalreisen ins Ausland. Der Gästeanteil aus der Schweiz sank Anfang der 1990er-Jahre auf ein Rekordtief von 65 Prozent, was Innerrhoden hart traf.[207]

Im bisher eher erfolgsverwöhnten Tourismussektor herrschte gedrückte Stimmung. Die «neuen» Kundinnen und Kunden galten als «kritisch, sprunghaft und weniger treu»[208]. Die Gäste forderten immer mehr Professionalität, einwandfreie Leistung und grosse Gastfreundschaft. Dass gerade Letztere nicht immer selbstverständlich war, stellte Vereinspräsident Josef Moser im Geschäftsbericht von 1995 fest: «Die Erfahrung zeigt auch, dass Gäste in unserer herrlichen, attraktiven Gegend nicht immer so gastfreundlich und positiv aufgenommen werden, wie dies eigentlich der Bedeutung des Tourismus in unserem Kanton entsprechen sollte. Diese wird oft unterschätzt, der Gast ab und zu als Störfaktor empfunden.»[209] Der Verein griff daher zu einem Mittel, das sich schon im 19. Jahrhundert bewährt hatte: Nacherziehung. Der Verkehrsverein sprach nun von Schulung der Bevölkerung und Leistungsträger im Umgang mit Gästen. Der Bevölkerung sollte klargemacht werden, dass alle Botschafterinnen und Botschafter des Appenzellerlands seien. Und dass alle in der einen oder anderen Weise vom Tourismus abhängig sind: «Tourismus ist wie Feuer: Man kann seine Suppe damit kochen, man kann aber auch sein Haus damit abbrennen.»[210]

94

«Klasse statt Masse» – Bekenntnis zum Qualitätstourismus

Für die Aufbruchsmentalität des Verkehrsvereins steht auch die Tatsache, dass er sich 1994 mit seinem eigenen Namen auseinandersetzte. Der Begriff «Kur» sei antiquiert und abgedroschen, das Wort «Verkehr» habe eine negative Wertung erhalten und klinge zu sehr nach «Blechlawine, Chaos und Stau»[211], womit der Verein nichts zu tun habe. Die Wahl fiel auf «Verein Appenzellerland Tourismus AI (VAT AI)».[212] Dem modernen Zeitgeist entsprechend beschriftete der Verein zudem das ab 1994 im Haus «Buherre Hanisefs» an der Hauptgasse 4 untergebrachte Auskunftsbüro, wie andernorts bereits üblich, mit «Tourist Information». Auch technisch standen grosse Veränderungen bevor: 1996 wagte der Verein den Schritt ins World Wide Web und war damit ein Vorreiter. Denn mit «www.appenzell.ch» sicherte sich Appenzellerland Tourismus AI dank Unterstützung des Bezirks Appenzell die wohl mittlerweile wertvollste Internetadresse der gesamten Region.[213] 1997 stand bereits ein digitales Hotel- und Reservationssystem zur Verfügung. Im Geschäftsbericht von 1998 notierte der Vereinsvorstand stolz, dass unterdessen alle Arbeitsplätze mit Computern ausgerüstet seien.

Weiterhin bemühte sich der Verein um die Beseitigung von zwei chronischen Schwachstellen im innerrhodischen Tourismusgeschäft. Einerseits wollte er die Einsaisonalität, also die Beschränkung der Bettenauslastung auf die Sommer- und Herbstmonate, überwinden und andererseits die durchschnittliche Aufenthaltsdauer, die bei knapp zwei Nächten lag, endlich verlängern. Der seit Jahren feststellbare Trend zum Tagestourismus hatte sich fortgesetzt und infolge grösserer Mobilität sogar verstärkt. Es stellte sich die Erkenntnis ein, dass die Wertschöpfung nicht nur aus einem Wachstum der Tourismuszahlen erfolgen könne. Vereinspräsident Josef Moser räumte 1998 ein: «Mit dem Versuch der grenzenlosen Vermarktung stossen wir auf wachsenden Widerstand in der eigenen Bevölkerung. Wir stossen an

94
Museum Appenzell und Tourist Information an der Hauptgasse 4. Fotografie Daniele Gadoni, 2004.

95
Titelseite des Geschäftsberichts von 1996 des Vereins Appenzellerland Tourismus AI mit den damaligen Werbegesichtern Vreni und Baptist Neff-Inauen, 1997.

96
Der gemeinsame Geschäftsbericht von 2002 in hellgrüner Farbe beinhaltete die Geschäftsberichte der Appenzellerland Tourismus AG, des Vereins Appenzellerland Tourismus AI und des Vereins Appenzellerland Tourismus AR, 2003.

Grenzen. […] Unsere Zukunft liegt in der Qualität und nicht in der Quantität.»[214] Die Zahl der Gäste war damit erstmals nicht mehr der alles überstrahlende Wert für die Erfolgsmessung.

Der Tourismusverein hob nun regelmässig hervor, dass das touristische Kapital von Appenzell aus Kultur, Brauchtum und Landschaft bestehe und diese Qualitäten gepflegt werden müssen. In diesem Zusammenhang betonte er auch die Bedeutung einer harmonischen Beziehung zwischen Landwirtschaft und Tourismus. Der Verein arbeitete unermüdlich am Ausbau der Talwanderwege, des Radwander- und Mountainbike-Angebots sowie an der Erstellung themenspezifischer Spazierwege wie dem Barfussweg, und er befürwortete den Bau von Golfplätzen. Diese Unternehmungen waren nur im Einverständnis und in Zusammenarbeit mit den Landwirtinnen und Landwirten möglich.

Mit Freude nahm der Verein zudem die Neueröffnung des Hotels Hof Weissbad 1994 zur Kenntnis, womit der Gesundheitstourismus wieder in Innerrhoden Fuss fassen konnte. Die neue Wellnessoase stand für eine saisonunabhängige Tourismusform. Gleichzeitig konnte der Seminartourismus weiterwachsen und die durch die Saisonalität bedingten Schwächen mehrheitlich ausgleichen.[215] Ein weiteres Highlight stellte die Eröffnung des Museums Appenzell im Haus «Buherre Hanisefs» 1995 dar. Dieses leistet seither einen wichtigen Beitrag zum kulturellen Angebot Appenzells und dient auch als Schlechtwetterprogramm. Die 1999 eröffnete Bobbahn beim Kronberg erhöhte ebenfalls die Gästezahlen. Dank dieser Investitionen glänzte der Tourismusverein Appenzell Innerrhoden Ende der 1990er-Jahren mit einer positiven Bilanz.

95

96

Renaissance der Kurorte
Gesundheitstourismus und Wellness in Innerrhoden

Nach den Weltkriegen gelang der Weiterbestand trotz Anpassungsversuchen nur wenigen Kurorten. Die traditionellen Kurhäuser und Heilbäder verloren mitten im Wirtschaftsaufschwung den Anschluss und zählten zu den grossen Verlierern in der Tourismusbranche. Der Innerrhoder Verkehrsverein schlug bereits 1950 eine Renaissance des Gesundheitstourismus vor und wollte die früher bekannten Molken- und Milchkuren oder die besonders in Süddeutschland bekannten Wasserkuren auch in Appenzell Innerrhoden einführen.

Ein neues Gesundheitsverständnis führt zum Wellnessboom

Der Verkehrsverein zielte mit seinen Vorschlägen auf eine neue Strömung, die den Fremdenverkehr nachhaltig prägen sollte. Nach dem Zweiten Weltkrieg gewannen Massnahmen zur Steigerung des Wohlbefindens an Bedeutung. 1959 prägte der amerikanische Sozialmediziner Halbert L. Dunn den Begriff «Wellness», indem er die Prinzipien «wellbeing» und «fitness» kombinierte. Mit dem Wellnesstourismus entwickelte sich innert kürzester Zeit ein lukrativer Geschäftszweig.

Obwohl die Schweiz mit ihrer Kurhoteltradition zur Wellnessregion prädestiniert gewesen wäre, verschliefen viele Kurhäuser – mit Ausnahme der Badekurorte – den neuen Trend oder waren nicht in der Lage, die Mittel für die notwendige Modernisierung aufzubringen. Die Hotelgäste verlangten nun nach eigenen Badezimmern, Zentralheizung, Telefonanschlüssen, Massagen oder Sportangeboten. Zunächst gelang es nur medizinisch-therapeutisch ausgerichteten Rehabilitationskliniken sowie Privatspitälern, sich zu etablieren. Innerrhoden blieb vorerst aussen vor.

Weissbad: Eine Geschichte des Niedergangs und Aufstiegs

Das einst so stolze Kurhaus Weissbad retteten weder der grosse Park noch die Schwimmbadanlage, der Tennisplatz oder die Forellenzucht vor dem Zerfall. Die Infrastruktur war veraltet. Nach mehreren Handänderungen fiel es am 5. Januar 1960 zudem einem Brand zum Opfer. Der damalige Besitzer, Fürst von Carolath, machte

98

sich davon und liess sich nicht mehr blicken. 1961 baute die «Aktiengesellschaft Hotel Kurhaus Weissbad» das Hotel nach modernen Bedürfnissen um.

Trotz der Wiedereröffnung blieben die Kurgäste aus, und die Besitzerfamilie Eisenlohr musste das Hotel 1974 aufgeben. Danach diente es als Ausbildungsstätte für Priester der ultrakonservativen römisch-katholischen Bewegung «Una Voce». Dies missfiel dem Verkehrsverein, gingen doch dadurch 200 von insgesamt 800 Hotelbetten in der Region verloren. 1979 zogen die umstrittenen Bewohner aus. Nach einer Zwischennutzung durch die Pensionäre des Blindenanstaltsheims St. Gallen stand das Kurhaus mehrere Jahre leer und verlotterte.[216]

1990 legte die Kurhaus Weissbad AG in Zusammenarbeit mit den Innerrhoder Behörden Pläne eines neuen Kurhauses vor. Grossen Einfluss auf die enorme Investition hatte der Verkehrsverein. Mit einer betriebsökonomischen Studie konnte er aufzeigen, welche positiven Auswirkungen Bau und Betrieb eines modernen Kurhotels auf die Volkswirtschaft haben würden. Der Gesundheits- und Seminartourismus sei ausserdem eine willkommene Ergänzung zum Tagesausflug- und Wochenendtourismus und stelle ein saisonunabhängiges Angebot dar. Nach dem Abbruch des alten Kurhauses führte die Kurhaus Weissbad AG 1994 Tiefenbohrungen durch, in der Hoffnung, auf Thermal- oder Mineralwasser zu stossen – jedoch ohne Erfolg. Auch die Errichtung eines Golfplatzes scheiterte.[217]

Dennoch gelang es dem Direktionspaar Damaris und Christian Lienhard, das 1994 eröffnete Gesundheits- und Seminarzentrum optimal zu vermarkten. Das erste Viersternehotel des Kantons bot als «einzigartige Oase für Körper, Geist und Seele»[218] erneut Molkenkuren und Heilbäder an und lockte endlich wieder Kurgäste nach Weissbad. Nach 30 Jahren übergaben Damaris und Christian Lienhard das Hotel Hof Weiss-

97
Das Kurhaus Weissbad nach dem Brand, 1960.

98
Schlüsselübergabe in der Halle des neu eröffneten Hotels Hof Weissbad, von links: Chefarzt Renzo Saxer, Vizedirektorin Manuela Dähler-Müller, Architekten Patrick und Ferdinand Filippi, Direktion Christian und Damaris Lienhard. Fotografie Emil Fritsche, Appenzell, 3. September 1994.

99

bad im Frühling 2024 als wirtschaftlich stabilen und mehrfach ausgezeichneten Betrieb mit über 200 Mitarbeitenden an das neue Direktionspaar Susanne und Elias Leu.

Gesundheit und Alter vereint im Jakobsbad

Auch im Kurhaus Jakobsbad erreichten die Gästezahlen nach dem Zweiten Weltkrieg nicht mehr den erwünschten Stand. Das änderte weder die Nutzung durch die Christlich-soziale Feriengenossenschaft zwischen 1951 und 1967 noch die danach erfolgte bauliche Investition durch die Hotelierfamilie Heeb. Ab 1988 bis 1991 diente die Liegenschaft als privates Altersheim, ehe der Bezirk Gonten es erwarb und wieder als Hotel samt Restaurant betreiben liess.[219]

Ende 2000 erlebte das Jakobsbad doch noch ein Revival des Gesundheitstourismus. 2001 eröffnete es unter der Leitung von Alexandra Raess als Kurhaus für

0

101

«Gäste mit dem Bedürfnis nach spezieller Betreuung und Pflege»[220]. Das Jakobsbad bietet bis heute Ferien und Erholungsaufenthalte für ältere Menschen sowie für Gäste, die Hilfestellung in der Grund- und Behandlungspflege benötigen.

99
Das Naturmoorbad mit Rosenblättern im Badehaus Gontenbad. Fotografie, circa 2011.

100
Flaschenetikette Alpstein-Sprudel aus den frühen 1930er-Jahren.

101
Werbemittel der Goba AG zu Appenzell Mineral laut, leise und still, 2023.

In Gontenbad fliesst das Quellwasser in die Flasche

Dem Kurhaus Gontenbad gelang der Weiterbestand als Gastbetrieb nicht, und es wurde 1933 von der Stiftung für das Alter gekauft und zu einem Altersheim umfunktioniert. Das Badehaus samt Heilquellen und fünf Wannen wurde aber beibehalten und 1957 ein Naturmoorbad erstellt, das bis 2013 in Betrieb war. Das Quellwasser wird seit 1933 in Mineralwasserflaschen abgefüllt und vertrieben. Was mit dem Ehepaar Schmidiger und einer einfachen Getränkeabfüllerei im alten Kurhaus begann, ist heute mit Goba AG ein Unternehmen mit achtzig Mitarbeitenden.[221]

Diversifikation und Tourismusförderungsgesetz

Dank der grossen Investitionen in neue touristische Infrastruktur sowie der Diversifikation und Modernisierung des Angebots konnte Appenzell Innerrhoden im Lauf der 1990er-Jahre den Tourismus und die Auslastungsziffer wieder markant steigern und schloss 1999 sogar mit einem Rekord ab. Die durchschnittliche Zahl an Logiernächten lag erstmals über dem Durchschnittswert der Ostschweiz. Überhaupt war 1999 ein Jubeljahr. Der Verein feierte sein 100-jähriges Bestehen mit zahlreichen Aktivitäten unter dem Thema «Zeitlose Augenblicke».[222] Neben diversen Konzertveranstaltungen gab der Verein einen Bildband heraus und liess einen Werbefilm produzieren, und das Museum Appenzell widmete der Geschichte des Vereins eine Sonderausstellung. Das grösste Geburtstagsgeschenk war jedoch die überraschend deutliche Annahme des Tourismusförderungsgesetzes an der Landsgemeinde von 1999. Mit dem neuen Gesetz kam es zu einer Ausweitung der abgabepflichtigen Betriebe. Darunter fielen wie bisher die Gastro- und Beherbergungsbetriebe sowie neu auch alle weiteren «am Tourismus interessierten»[223] Unternehmen und Selbstständige. Im Gegenzug beteiligte sich auch der Kanton verstärkt an der Tourismusförderung. Das Gesetz bedeutete für den Verein Appenzellerland Tourismus AI nicht nur eine verbesserte Finanzierung, sondern auch «ein klares Bekenntnis der Bevölkerung zu einer gesunden Entwicklung im Tourismus mit Rücksicht auf Natur und Umwelt»[224].

«Was ist uns der Sonntag noch wert?» Der Kampf um die Sonntagsverkäufe

Eine Frage, die Appenzell Innerrhoden in den 1990er-Jahren ebenfalls beschäftigte, war jene der Sonntagsruhe. Es war kein Geheimnis, dass unter den Touristinnen und Touristen auch am traditionellen Ruhetag eine grosse Nachfrage nach Konsumgütern herrschte, besonders im Dorf Appenzell. Zwar gab es seit 1983 einen gewissen Spielraum bei den Ladenöffnungszeiten für Geschäfte, die Raucherwaren und sogenannte Fremdenartikel verkauften, doch war nie ganz klar, wo Souvenirs aufhörten, und Alltagsprodukte anfingen, was immer wieder zu Unstimmigkeiten führte. Die Standeskommission wollte deshalb Klarheit schaffen und eine liberale Regelung durchsetzen, denn die Sonntagsverkäufe lagen im Interesse des örtlichen Detailhandels. Die Kirche war jedoch entschieden gegen dieses Vorhaben, und sie fand in den Gewerkschaften Verbündete. Befürwortende hingegen argumentierten, dass Sonntagsverkäufe eine Appenzeller Tradition darstellten, denn seit Jahrzehnten waren – dank eines Kompromisses – im Advent die Läden geöffnet. Der Landsgemeinde ging das Vorhaben jedoch entschieden zu weit, und so erlitt die Liberalisierung der Sonntagsverkäufe auf Gesetzesebene 1996 Schiffbruch.[225] Im Jahr 2000 änderte der Grosse Rat die Verordnung, womit bis heute Geschäfte, die einen grossen Teil ihres Umsatzes mit «tourismusrelevanten Produkten»[226] machen, eine Ausweitung der Verkaufszeiten auf Sonn- und Feiertage beantragen können.

102
Das Plastikhäuschen mit dem Namen «Ebenalp» wurde am Kiosk auf der Ebenalp bis in die 2000er-Jahre als Souvenir verkauft, Produktion circa 1970er-/1980er-Jahre.

103
Inserat für Sonntagsverkäufe vor Weihnachten in Appenzell, circa 1995.

02

103

(K)ein einig Volk: Die Appenzellerland Tourismus Marketing AG

Während sich Touristinnen und Touristen jeweils wenig Gedanken darüber machten, ob sie gerade Ausserrhoder oder Innerrhoder Landschaftsschönheiten bewunderten, spielten die Kantons- und Bezirksgrenzen für die Einheimischen historisch bedingt eine grosse Rolle. Dies zeigt sich in der komplexen Verteilung der einzelnen Kur- und Verkehrsvereine. Ein grosses gemeinsames Interesse bestand an der Marke «Appenzellerland», die verschiedene Akteure benutzten.

In Appenzell Ausserrhoden gründeten 1995 Vertreterinnen und Vertreter aus Landwirtschaft, Gastronomie und Tourismus die Regionalmarketing AG «Appenzellerland rundum gesund». Damit sollten regionale Angebote unter einem gemeinsamen Label professionell vermarktet werden, wobei Innerrhoder Produkte nicht vertreten waren.[227] Dieses Unternehmen scheiterte bereits nach wenigen Jahren, da die

104

finanziellen Mittel für weitere Marketinganstrengungen fehlten. Um die starke Marke «Appenzellerland» nicht zu verlieren, spannten die beiden Kantone über die Tourismusverbände nun erstmals umfassend zusammen und gründeten 2000 die Appenzellerland Tourismus Marketing AG. Daran angegliedert wurde die aus der «Appenzellerland rundum gesund» hervorgegangene «Appenzellerland Regionalmarketing AG» (Armag).[228]

Für Appenzell Innerrhoden übernahm Guido Buob 2000 die Geschäftsstelle, für Appenzell Ausserrhoden Ruedi Aerni. Die gemeinsame Marketing AG wurde im Haus Schäfler am Landsgemeindeplatz in Appenzell untergebracht und zuerst von Willy Raess geleitet und ab 2001 von Stefan Otz. Die beiden Tourismusverbände gaben darauf den Geschäftsbericht zusammen mit Gastro Appenzellerland und dem Hotellerieverein AR + AI sowie diversen Hotelleriebetrieben heraus. Die neue Aufstellung führte zudem zu Umstrukturierungen innerhalb des Innerrhoder Tourismusvereins.

In Innerrhoden blieb die «Qualitätssicherung und Qualitätsförderung» das erklärte Ziel: «Diese Qualität setzt sich einerseits aus der Servicequalität aller Leistungsträger, andererseits aus der Vielfalt und Originalität der Angebotspalette zusammen. Erst in zweiter Linie ist das quantitative Wachstum gefragt – sei es nun bei den Wanderwegen, beim Übernachtungsangebot im Alpstein oder bei den Betriebszahlen einer Luftseilbahn. Die Gäste dürfen mit Recht im Hochpreisland Schweiz

104
Lancierung des Alpsteinpasses 2003. Wer innerhalb eines Kalenderjahrs in allen Berggasthäusern einkehrte, erhielt als Belohnung ein Gilet. Im Hintergrund einer der zahlreichen roten Ruhebänke des Vereins Appenzellerland Tourismus AI. Fotografie Corinne Kunz, 2003.

überdurchschnittliche Qualität erwarten»[229], stellte Vereinspräsident Josef Moser 2003 fest. Diese Qualität förderte der Verein durch die regelmässige Rubrik «Sönd wöllkomm» in der «Appenzeller Zeitung», womit er die Bevölkerung für touristische Bedürfnisse und Fragen sensibilisierte. Gleichzeitig führte der Verein seine bisherige Strategie fort und investierte in den Ausbau der Wanderwege und initiierte Projekte wie die Wiederbelebung des alten Wanderwegs von Triebern nach Lehmen sowie des Spazierwegs der Sitter entlang. Die Förderung des Wintertourismus liess er hingegen endgültig fallen und konzentrierte sich stattdessen auf die Vor- und Nachsaison sowie die Bewerbung des Binnenmarkts.

Touristische Höhenflüge: Erfolgreich und eigenständig

Die Rekordzahlen nahmen nicht ab, im Gegenteil. Die 2000er-Jahre verzeichneten einen stetigen Zuwachs an Gästen und Logiernächten und stellten die «absolute Spitze in der langen Geschichte des innerrhodischen Tourismus»[230] dar, wie die Appenzellerland Tourismus AG im Geschäftsbericht von 2000 betonte. Wenn hingegen die durchschnittliche Aufenthaltsdauer der Gäste nach wie vor nur zwei Nächte betrug, so schaffte es Appenzell jedenfalls, sich immer mehr als Kultur- und Kunstdestination zu positionieren. Meilensteine stellten die Eröffnung des Museums Liner (heute Kunstmuseum Appenzell) 1998 und der Kunsthalle Ziegelhütte (heute Kunsthalle Appenzell) 2003 dar. Die Errichtung des Golfplatzes in Gonten 2007 erweiterte ausserdem das sportliche Angebot. Mit Arrangements wie «Schlafen im Stroh» oder «Ferien auf dem Bauernhof» gelang es zudem, neue Gästesegmente anzusprechen. Als wichtigste Zielgruppe erwiesen sich Gruppen und Vereine. Diese verreisten für Turnfahrten, Vereinsreisen und Geschäftsausflüge bei jedem Wetter und oftmals mit grossem Budget. Jährlich wurden neue buchbare Angebote entwickelt, von kulinarischen Entdeckungsreisen über Naturjodelkurse bis hin zum Schmieden oder Giessen von Fonduegabeln. Parallel dazu wartete Appenzellerland Tourismus AI mit öffentlichen Gratisdorfführungen und Wildkirchlitouren auf, und die wöchentlichen Konzerte mit Appenzeller Formationen wurden zu Publikumsmagneten. Die Hotels und Gastbetriebe leisteten ebenfalls ihren Beitrag zum touristischen Höhenflug und renovierten in den 1990er- und 2000er-Jahren einen Grossteil der Zimmer. Die Luftseilbahnen investierten in ihre Infrastruktur wie zum Beispiel in das Drehrestaurant Hoher Kasten, die Panoramahalle und neue Kabinen für die Ebenalpbahn und in die Freizeitanlagen beim Kronberg. Ab 2009 kamen wieder mehr als 80 Prozent der logierenden Gäste aus der Schweiz. Der Innerrhoder Tourismus zeichnete sich als konstant und krisenresistent aus.

Als weniger rosig und krisenresistent erwies sich die überkantonale Zusammenarbeit. Während 2008 noch laut über eine Fusion nachgedacht wurde, wendete sich ein Jahr später das Blatt, und es kam zu Differenzen. Trotz Mediationsversuchen beschlossen die beiden Tourismusverbände, ab 2009 wieder getrennte Wege zu gehen und zwar mit einer pro Kanton ausgeübten Marketingorganisation inklusive Kommunikationsabteilung. Der erste wieder eigenständige Geschäftsbericht des Vereins Appenzellerland Tourismus AI eröffnete mit den Worten: «Stolz sind sie, die Appenzellerinnen und Appenzeller!»[231]

Tourismus in der digitalen Welt

Das Internet und die sozialen Medien haben den Informationsfluss revolutioniert. Lokale Ereignisse können blitzschnell ein Millionenpublikum erreichen und beeinflussen das touristische Verhalten erheblich. Dies bekam auch Appenzell Innerrhoden zu spüren. Im Geschäftsbericht 2018 des Tourismusvereins hiess es: «‹Influencer›, ‹Instagrammer›, ‹Facebooker› und wie sie alle heissen – sie entziehen sich der steuerbaren Ordnung. Soziale Medien haben eigene Gesetze, die kaum beeinflussbar sind. Was heute ein Hype ist, ist morgen bereits vergessen»[232] – oder eben Geschichte.

«Födleblutt» im Alpstein unterwegs

Der Tourismusverein wirbt seit Beginn mit der natürlichen Schönheit des Appenzellerlands. Ein Anhänger der Freikörperkultur (FKK) fühlte sich 2008 angesprochen und berichtete online über eine ungestörte Nacktwanderung im Alpstein. Bald tauchten weitere Nacktwandernde auf, die den einheimischen Augen nicht entgingen. Die Empörung war gross. Die Kantonspolizei intervenierte und zeigte angehaltene Nacktwandernde wegen «groben Unfugs»[233] an. Die «födleblutten» Wandervögel sorgten in den Medien vom «Blick» bis zur «New York Times» für Schlagzeilen. Die Berichterstattung liess den Eindruck entstehen, der Alpstein werde von Nacktwandernden überrannt – was nie der Fall war. Die politische Reaktion erfolgte prompt: 2009 verabschiedete die Landsgemeinde ein Nacktwanderverbot, das das Bundesgericht 2011 bestätigte. Seither wird Nacktwandern mit einer Busse von 200 Franken bestraft. Die unerwünschten «Zipfelstürmer»[234], wie sie in den Medien genannt wurden, wichen auf andere Orte aus.

Die Toggenburg Bergbahnen AG hingegen hiess die Neuankömmlinge 2009 mit dem Werbeslogan willkommen: «Steinböcke, Gämsen, Adler und vielleicht auch einige Nacktwanderer machen die Fahrt mit der Luftseilbahn zum Erlebnis pur»[235]. Der «Natourismus» hat sich überwiegend in Deutschland und Frankreich als eigener Tourismuszweig etabliert.

105

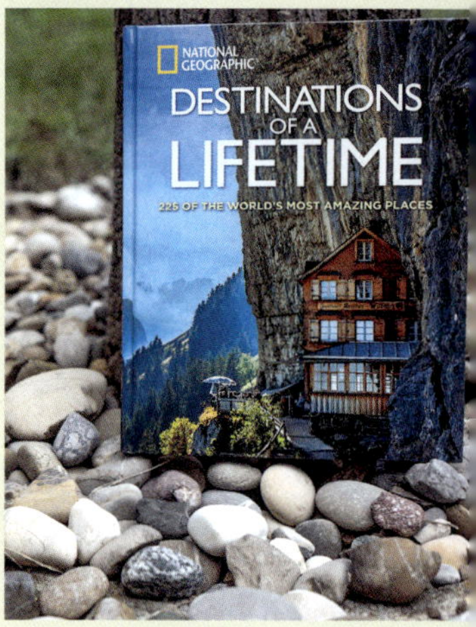

106

107

Das Appenzellerland geht viral

600 Franken bekam ein Rheintaler Hobbyfotograf für den Verkauf der Rechte an seinem Foto vom Aescher. Käuferin war die Zeitschrift «National Geographic», das es auf die Titelseite der 2015 erschienenen Ausgabe «Destinations of a Lifetime» setzte.[236] Das Magazin folgte damit einem Trend, der in den Sozialen Medien kursierte. Nutzende teilten Listen mit Orten, die man im Leben gesehen haben müsse. Der US-amerikanische Schauspieler Ashton Kutcher teilte 2014 eine solche Liste, worauf der Aescher prominent rangierte. Über dessen 17 Millionen Follower erhielt das Berggasthaus Aescher eine Reichweite, von denen Marketingfachleute nur träumen können. Die Internetpräsenz wirkte – schon bald strömten Gäste von nah und fern in den Alpstein.

Ab 2018 war in den Medien von Massentourismus auf dem Aescher die Rede. Der Verein Appenzellerland Tourismus AI wehrte sich gegen diese Bezeichnung und sprach von vereinzelten Spitzenzeiten, die nötig seien, um frequenzschwache Tage auszugleichen. Zum Kollaps der touristischen Infrastruktur kam es schliesslich 2020 während der Coronapandemie. Nachdem alle Unterhaltungsangebote und Betriebe geschlossen waren und viele Personen im Homeoffice arbeiten mussten, bildeten Ausflüge in die Natur eine der wenigen Möglichkeiten, dem Lockdown zu entfliehen. Aufgrund des schönen Sommers zog es die Bevölkerung in die Naherholungsgebiete. Der Seealpsee versank in «einer Ansammlung von Abfall und Fäkalien»[237], wie es im Geschäftsbericht 2020 hiess. Der Tourismusverein stand in der Kritik, obwohl es sich um ein pandemiebedingtes Phänomen handelte, das sich überall in der Schweiz zeigte. Neue Hinweisschilder mit Verhaltensregeln sollten Abhilfe schaffen.

Während der Coronapandemie bestätigte sich die Regel, dass sich der Tourismus in Appenzell Innerrhoden während Krisenzeiten gut behaupten kann. Wie schon zur Zeit der Weltkriege sorgte auch die Coronakrise dafür, dass Ferien im eigenen Land boomten. Appenzell Innerrhoden profitierte von den naturnahen Angeboten und der Ausrichtung auf den Binnentourismus. Als einziger Kanton der Schweiz konnte Innerrhoden am Ende des ersten Pandemiejahres mehr Logiernächte ausweisen als im Vorjahr.[238]

Hashtag #appenzell

Tausende Bilder unter dem Hashtag #appenzell auf Instagram zeigen das Idealbild des Appenzellerlands: grüne Wiesen, Berglandschaften, weidende Kühe und eine traditionsbewusste Bevölkerung. Der Tourismusverein versucht, diese Attribute durch Fokussierung auf Nachhaltigkeit und Naturverbundenheit zu stärken. Gleichzeitig weist das viele Grün auf ein altes Sorgenkind hin: die schwache Wintersaison. Der Verein ist bemüht, diese durch den Ausbau kultureller und kulinarischer Angebote sowie den Wellnesstourismus zu fördern. Zwischen den Instagramposts von Kühen, Seen und Bergen erscheinen vermehrt Fotos von Schönheitsprodukten und Fitnesstellern.

105
Dieses Verbotsschild für Nacktwandernde produzierte die Walter AG in Sulgen als Spass für die Werkhöfe im Appenzellerland. Es fand seinen Weg in die Presseberichterstattung, und schon bald bestellten immer mehr Privatpersonen Schilder.

106
Das Gasthaus Aescher, fotografiert von Peter Böhi, erhielt internationale Beachtung, nachdem es auf dem Umschlag des Bildbands «Destinations of a Lifetime – 225 of the World's Most Amazing Places» erschien. National Geographic, Washington, 2015.

107
Screenshot von Instagramposts unter dem Hashtag #appenzell, 2024.

Sönd wöllkomm!

Mehr als 125 Jahre Tourismusförderung

Reisende willkommen heissen und an der Schönheit des eigenen Lands teilhaben zu lassen – mit dieser Grundhaltung pflanzte die Pioniergeneration an der Schwelle zum 20. Jahrhundert die ersten Bäume zur Förderung des Fremdenverkehrs in Appenzell. Über 125 Jahre später ist aus diesem Saatgut ein kräftiger Wirtschaftszweig gewachsen, der 2024 etwa 12,8 Prozent zum kantonalen Bruttoinlandprodukt beiträgt und vielen Personen im Kanton Arbeit gibt.

Der Blick in die Vergangenheit zeigt, dass diese Entwicklung keine Selbstverständlichkeit war. Die Tourismusdestination Innerrhoden ist das Ergebnis visionärer und engagierter Menschen, die wichtige Entscheidungen in einer sich stets wandelnden Welt trafen und dafür die Verantwortung übernahmen. Sie vertraten ihre Ansichten mit Entschlossenheit und bewiesen Durchhaltewillen. Um ein tragfähiges touristisches Fundament zu schaffen, war der Verkehrsverein stets auf das wohlwollende Mitwirken der Hotel- und Gastrobranche, der Landwirtschaft, der Unternehmen, der Dienstleistungsbetriebe sowie der Politik und der einheimischen Bevölkerung angewiesen. Als nach dem Ausbruch des Ersten Weltkriegs der Fremdenverkehr zum Erliegen kam, schlug die Schicksalsstunde des Verkehrsvereins. Notgedrungen konzentrierte er sich auf den Binnentourismus, und fortan stellten Reisende aus der Schweiz den grössten Gästeanteil dar. Während in den ersten Jahrzehnten viel persönliches Engagement und Aufopferungsbereitschaft erforderlich waren, um den Verein voranzubringen, machten die wachsenden Anforderungen bald professionelle Strukturen notwendig.

Der Verkehrsverein hätte sich stets einen immergrünen Baum gewünscht, doch Boden und Klima gaben für einen florierenden Wintertourismus nicht ausreichend Nährstoffe her. Trotz intensivster Bemühungen und hoher Investitionen in den Wintersport ist Appenzell Innerrhoden bis heute eine saisonabhängige Feriendestination geblieben. Der geplatzte Traum einer Wintersportregion hat aber eine Infrastruktur hinterlassen, die tragfähig genug ist, um Tages- und vermehrt auch Wellnessgäste sowie Einheimische an schönen Wintertagen zu begrüssen. Im Verlauf seiner Geschichte erkannte der Verkehrsverein, dass grenzenloses Wachstum kein nachhaltiges Ziel ist und dass Tourismusförderung nur gelingen kann, wenn sie die Bedürfnisse der Bevölkerung berücksichtigt. Nach 100 Jahren des Engagements für den Fremdenverkehr ist der Verein mit der Einführung des Tourismusförderungsgesetzes im Jahr 1999 fest mit dem Kanton verschmolzen und Teil seiner Identität geworden. Gute Gastgebende sorgen dafür, dass sich Gäste und Einheimische gleichermassen willkommen fühlen. Mit der Neuausrichtung auf Qualität statt Masse stellte der neu benannte Verein Appenzellerland Tourismus AI in den 1990er-Jahren die Weichen für das 21. Jahrhundert.

Brauchtum, Gastfreundschaft und eine intakte Naturlandschaft sind heute die zentralen Faktoren für einen langfristig erfolgreichen Tourismus in Appenzell. Dabei verstehen es die Appenzellerinnen und Appenzeller, ihre Traditionen und Eigenheiten zu bewahren und gleichzeitig geschickt zu vermarkten. Innerrhoden kann auf einen langjährigen Erfahrungsschatz zurückgreifen. Der Blick in die Geschichte verdeutlicht, dass sich die Verantwortlichen gegenüber neuen Medien stets offen gezeigt haben. Die Freude an gut gestalteter Werbung fing mit den Fremdenlisten und Fremdenführern an und reicht mittlerweile über professionell gestaltetes Prospektmaterial, Film- und Fotoaufnahmen bis hin zu den Sozialen Medien. Mit vereinten Kräften und gemeinsamen Grundüberzeugungen ist es gelungen, aus der Heimat eine weltweit bekannte Marke mit hohem Wiedererkennungswert zu schaffen. Durch die Sozialen Medien ist die unmittelbare und im Moment stattfindende Reiseerfahrung zum öffentlichen Ereignis geworden. Über das Smartphone reisen mittlerweile mit jedem Gast noch unzählige weitere Personen mit, und so hallt das tiefverwurzelte «Sönd wöllkomm!» der Appenzellerinnen und Appenzeller durch die digitalen Netzwerke in die Welt.

108
Appenzell Innerrhoder Trachtenkinder hiessen die Gäste auf dem Hohen Kasten willkommen. Fotografie Comet Photo AG, Zürich, 1969.

108

Heute und morgen

Schwerpunkte, Herausforderungen und Ziele des VAT AI

Guido Buob,
Geschäftsführer von Appenzellerland Tourismus AI

Appenzell bleibt Appenzell

Kaum eine andere Branche ist der gesellschaftlichen Dynamik und dem steten Wandel so stark ausgesetzt wie der Tourismus. So lassen mich bereits die ersten Gedanken die Schwierigkeit erkennen, ein zeitlich nachhaltiges Kapitel über die zukünftige touristische Entwicklung im Kanton Appenzell Innerrhoden zu schreiben. Denn, was heute in ist, ist morgen bereits wieder out oder entpuppt sich als Flop. Ein schönes Beispiel dafür ist der Nordic-Walking-Trend, der vor gut zehn Jahren die Bewegung in der freien Natur revolutionieren und zu einem Nordic-Walking-Park im Appenzellerland führen sollte. Schliesslich verschwand dieser Trend so schnell, wie er gekommen war.

Aktuell sind es vor allem zahlreiche neue digitale Kommunikationskanäle, die uns fordern. Diese werden in der Regel von einer jüngeren Generation lanciert, aber auch von Älteren genutzt. Als Tourismusorganisation stehen wir bei jedem Trend vor der Frage: aufspringen oder zuwarten? Gerade diese Dynamik, dieses Anpassen und aufmerksame Beobachten der Gesellschaft und Märkte macht die Arbeit im Tourismus attraktiv. Wir bewegen uns ständig am Puls der Zeit und sind gezwungen zu agieren. Wer nur reagiert, hat verloren – glauben wir Touristikerinnen und Touristiker zumindest.

Der Innerrhoder Tourismus hat das Glück, dem Druck der ständigen Anpassung weniger ausgesetzt zu sein, als dies an anderen Orten der Fall ist. Hier können wir es uns erlauben, uns abzugrenzen. Wir sind dank langfristiger, konsequenter und gleichbleibender Imagepflege weniger den gesellschaftlichen Trends der Gästenachfragen ausgesetzt als anderswo. Die Gäste wissen, wofür Appenzell steht, was sie in dieser «heilen Welt» erwartet, und wählen vielleicht bewusst das Unveränderte und Traditionelle. Der Kanton formulierte diese Haltung in seinem 2023 erschienenen Papier der Tourismuspolitik treffend: «Appenzell bleibt Appenzell.»

Es gehört zum Schicksal einer Destination, dass viele Gäste und Einheimische glauben, die Geschicke einer Tourismusregion liessen sich durch die Tourismusorganisation aktiv lenken. So besitzen wir von aussen betrachtet zwar viel Verantwor-

109

tung, aber in der Sache nur wenig Kompetenzen und noch weniger finanzielle Mittel, um allfällige Missstände in Angebot und Infrastruktur beheben zu können. Eine Tourismusorganisation ist in erster Linie eine Vermittlungsorganisation, die sich zum Ziel setzt, die Dienstleistungskette für die Gäste und die Wertschöpfungskette für die Leistungsträgerinnen und -träger optimal zu koordinieren.

Kultur, Brauchtum und Landschaftsbild als Säulen eines erfolgreichen Tourismus

Seit Jahren bleiben wir uns im Bereich Angebotsgestaltung und Positionierung treu: Kultur, Brauchtum, Traditionen in einer unverwechselbaren Landschaft sind unser touristisches Fundament. Darauf bauen wir heute und auch in den nächsten Jahren auf. Dabei ist insbesondere der mit der intensiven Bautätigkeit einhergehende Bodenverschleiss bei den Appenzellerinnen und Appenzellern ein Dauerthema. Als Tourismusdestination, bei der das Landschaftsbild eines der massgebenden Ent-

110

scheidungskriterien darstellt, beobachten wir diese Entwicklung ebenfalls mit Sorgenfalten. Etwas vom Besten, was die Schweizerinnen und Schweizer an der Urne in dieser Beziehung annehmen konnten, war die Zweitwohnungsinitiative. Diese hat den spekulativen Ferienhausbau im Alpenraum für Generationen eingeschränkt und der weiteren Verschandlung ganzer Landstriche mit geschlossenen Fensterläden Einhalt geboten. Gleichzeitig glaube ich, ohne entsprechende Studien zu kennen, dass dieser Volksentscheid auch die Hotellerie gestärkt hat. Dankbar bin ich allen Bäuerinnen und Bauern, die schon vor der Zweitwohnungsinitiative der Versuchung widerstanden, ihr Land für Spekulationsbauten einzonen zu lassen und Ferienhaussiedlungen zu erstellen. Unser Land könnte heute ganz anders aussehen.

Seit der Coronapandemie stellen wir aber einen ganz anderen Trend fest, der nicht auf dem Land, sondern im Siedlungsgebiet stattfindet. In den letzten fünf Jahren hat sich das Angebot an Ferienwohnungen und «Bed & Breakfast»-Betrieben nahezu verdoppelt. Dank neuer Vermittlungsplattformen wie Airbnb scheint es lukrativer zu sein, Wohnungen an Gäste als an Einheimische zu vermieten. Dies ist eine

109
Ansichtskarte von Rathaus und Hauptgasse Appenzell. Foto Gross, St. Gallen, Ende 1970er-Jahre.

110
«Öberefahre» zum Schwizerälpli, nahe Lehmen. Fotografie Stephan Brugger, 2024.

gefährliche Entwicklung, die nicht im Sinne des Tourismus mit einem lebendigen Dorfkern und einer starken Hotellerie ist.

Als Alpsteinliebhaber bin ich überzeugt, dass das Gebirge auch noch in hundert Jahren ohne grosse Veränderungen erlebt werden kann. Die scharfen Kanten, die schroffen Felsen und die lieblichen Bergseen werden unverändert die Landschaft prägen. Mehr als 100 Jahre rückblickend, ist das Scheitern einer zahnradgetriebenen Bahn auf den Säntis aus heutiger Sicht ein Segen für die Landschaft und den Wandertourismus. Da bei den kommenden Neubauten der Luftseilbahnen keine zusätzlichen Kapazitätserweiterungen geplant sind, sehe ich im Bereich der Gästeströme der Zukunft des Alpsteins positiv entgegen. Die Bergschuhe müssen weiterhin geschnürt werden, und die «dreu choschtlige Edelschtee» – unsere einmalig schönen drei Bergseen – erreicht man auch in Zukunft nur zu Fuss. Zudem hoffe ich, dass es mit einer mittel- bis langfristigen Lösung der Parkplatzproblematik in Wasserauen zur Abschwächung der Diskussionen über die negativen Auswirkungen des Tourismus kommen wird.

111

Gern wird bei der ganzen Diskussion um die Alpsteingäste vergessen, dass während der letzten Jahre die Anzahl Schlafplätze in den Berggasthäusern um rund einen Drittel abgenommen hat. Dies geschah zugunsten eines wertschöpfungsreicheren Übernachtungsangebots in Form von Zimmern, welche die Auslastung unter der Woche und bei schlechtem Wetter erhöhen und die Konzentration und den Druck auf die Wochenenden reduzieren.

Eher unbemerkt und im Stillen zeichnet sich ein Werteverlust bei religiösen und bäuerlichen Traditionen ab. Diese Entwicklung wird einschneidendere und grössere Auswirkungen auf den gesellschaftlichen Zusammenhalt und die Identität der Appenzellerinnen und Appenzeller haben, als uns bewusst ist. Die sinkende Zahl der Kirchgängerinnen und Kirchgänger macht es zu einer Herausforderung, die Feiertage würdig zu begehen oder überhaupt durchzuführen. Mit dem Verlust der religiösen Traditionen würde der Kanton einen Teil seiner gesellschaftlichen DNA verlieren, was wir vom Tourismusverein zur Kenntnis nehmen müssten, ohne richtig eingreifen zu können.

Die Geschichte lehrt uns aber glücklicherweise, dass Bräuche sich wandeln können. Ein positives Beispiel ist die Entwicklung und aktuelle Popularität der Appenzeller Musik, die sich nicht über innovativen Nachwuchs beklagen kann. Ferner gehört heute das Appenzeller Ländlerfest zu den Traditionen des Kantons, die den Zusammenhalt und die Identität stärken. Ein weiteres schönes Beispiel ist das Projekt «JODEL SOLO» vom Roothuus Gonten, das dem Naturjodel wieder vermehrt Beachtung schenkt und wozu auch der Tourismusverein einen kleinen Teil beigetragen hat.

Unvorstellbar und klar abzulehnen wäre die Durchführung von Prozessionen oder Alpfahrten für Gäste und gegen Bezahlung. Zu Recht machen die Appenzellerinnen und Appenzeller hierbei nicht mit, und der Tourismusverein würde sich wohl eher auflösen, als solche Shows ins Leben zu rufen.

Die Veränderung ist immer ein Teil der Kultur. Darum sehe ich der Zukunft weiterhin positiv entgegen: Der Stolz auf das Bestehende und die Innovationskraft der Appenzellerinnen und Appenzeller werden erhalten bleiben.

Gästeberatung: Digitalisierung und KI versus Persönlichkeit

Den Herausforderungen und dem Wandel im Bereich Kommunikation und Vermarktung von Angeboten müssen auch wir uns täglich stellen. Die Digitalisierung hat mit den ersten Online-Hotelbuchungsportalen schon Ende der 1990er-Jahre begonnen. Dabei war Appenzell eine der ersten Destinationen, welche die Online-Buchung sämtlicher Hotels im Kanton einführte und den Hotelbetrieben eine frühe und weltweite Präsenz im Internet ermöglichte. Anfänglich noch ergänzt durch ein auflagestarkes gedrucktes Hotel- und Ferienwohnungsverzeichnis, das mit Aufkommen der globalen Buchungsplattformen erst recht hinfällig wurde.

Wir können uns der Tatsache nicht verwehren, dass das Analoge immer mehr in den Hintergrund treten wird. Die Möglichkeiten der Künstlichen Intelligenz werden auch wir anwenden. Appenzell wäre aber nicht Appenzell, wenn wir nicht noch

111
Zwei Jodler im Rahmen des Projekts «JODEL SOLO» bei der Sonnenhalbkapelle. Fotografie Corinne Kunz, 2020.

112

lange Zeit und sehr bewusst auf jene Werte setzen würden, die auf jeder Flasche Alpenbitter stehen: «Charakter – Stil – Persönlichkeit». Wir möchten heute und in Zukunft zu den besten Tourist Informations gehören, die durch genau diese Werte überzeugen und mit Stolz die Gäste persönlich beraten, sodass diese merken, dass sie es hier mit Menschen und nicht mit Maschinen zu tun haben.

Ein Beispiel zeigt, dass in der Digitalisierung nicht das Allheilmittel liegt. Vor rund zehn Jahren hatten wir Bedenken, ob es den Schalter noch brauchen würde, wenn alle Informationen im Internet zugänglich sind. Schnell wurden wir eines Besseren belehrt. Wir stellen heute fest, dass die persönliche Beratung trotz und vielleicht gerade wegen digitaler (Über-)Information nach wie vor und umso mehr gefragt ist. Überall dort, wo wir das Gefühl haben, dass es für die Gäste und für interne Abläufe von Nutzen sein wird, werden wir in die digitale Entwicklung investieren. Dabei werden wir nie als Pioniere auftreten, sondern weiterhin eine kluge und kostengünstige «Followerstrategie» fahren.

112
Alpaufzug zur Alp Soll vor der Tourist Information am neuen Standort am Landsgemeindeplatz. Fotografie Corinne Kunz, 2024.

113
Post auf Instagram von Roger Federer vor dem Eremitenhäuschen beim Wildkirchli, 2016.

Kommunikation: Mund zu Mund heisst weiterhin das Lösungswort

Bereits vor 20 Jahren hat unsere Organisation die Notwendigkeit erkannt, dass sich die Aufgabenschwerpunkte einer Tourismusorganisation massiv ändern: Klassische Marketing- und Kommunikationsaufgaben fallen weg, und entscheidender werden

113

Managementaufgaben innerhalb der Destination. In Appenzell hat sich dieser Trend schon früh abgezeichnet. Dank der starken Marken Appenzeller Bier, Goba Mineralquelle und Manufaktur, Appenzeller Alpenbitter, Bischofberger Biberli und Appenzeller Käse fehlt es der Marke Appenzell nicht an nationaler Aufmerksamkeit.

Zudem verlieren wir mit dem Aufkommen der Sozialen Medien praktisch die gesamte Kontrolle im Bereich der Kommunikation. Umso wichtiger erscheint mir, dass die Dienstleistungskette der Gäste im Ferienort von A bis Z stimmt. Denn diese neue, digitale Form der Mund-zu-Mund-Propaganda birgt gleichzeitig die Gefahr, bei Nichterfüllung der Erwartungen in einen Shitstorm hineinzugeraten. Menschen werden Informationen, schlechte Erlebnisse oder gar Fake News über eine Destination streuen können, die niemand mehr in den Griff bekommt. Es muss der Menschheit und nicht nur dem Appenzeller Tourismus gelingen, hier Wege und Mittel zu finden, um eine transparente und verlässliche Kommunikationskultur sicherzustellen.

114

115

Unser Dorf: Das schönste Einkaufserlebnis der Schweiz

Nebst dem Alpstein mit seiner vorgelagerten Hügellandschaft gehört das Dorf Appenzell zu den touristischen Höhepunkten im Appenzellerland. Zweifellos ist es das Herz des Appenzeller Tourismus. Hier pulsiert das kulturelle und politische Leben, hier werden Feste gefeiert und Bräuche zelebriert. Optisch hebt sich der Dorfkern von anderen Orten ab: Immer wieder kommen Gäste am Schalter der Tourist Information vorbei und fragen, ob der Tourismusverein die Renovation der Häuser bezahlt. Ebenso ungläubig fragen Gäste während der Alpabfahrten, wie wir diese «Umzüge» durch das Dorf organisieren und koordinieren. Umgehend verweisen wir auf den Stolz der Einheimischen, auf die Liebe zu ihrem Land und zum authentischen Brauchtum. Darauf dürfen wir auch in Zukunft zählen.

Doch wohin steuert das Dorf? Wird es zur immer wieder beklagten Tourismusmeile? Zum Zentrum von Kitsch und Massentourismus? Ist es wichtig für ein belebtes Dorf, dass die Einheimischen mit dem Auto mitten durch den Dorfkern zu den Grossverteilern fahren können? Wie können wir gemeinsam die Vielfalt und den gesunden Branchenmix im Dorfkern erhalten?

Fakt ist, dass sich Gäste aus nah und fern ein fussgängerfreundliches Dorf wünschen. Sie möchten flanieren, die Kinder ohne ständige Angst frei herumspringen lassen und gemütlich die Spezialitäten und Produkte der einheimischen, oft von den Inhaberinnen und Inhabern geführten Läden mit ihrer ausgezeichneten Beratung kaufen können. Sicher gibt es einige, die dies anders sehen und am liebsten vor

114
Belebter Schmäuslemarkt Appenzell. Fotografie Corinne Kunz, 2021.

115
Käsen auf der Alp Untere Hundslanden. Fotografie Corinne Kunz, 2020.

jedes Ladengeschäft fahren wollen, um möglichst bequem ihre Waren einzukaufen. Unter den Einheimischen gibt es aber eine wachsende Gruppe, die ebenso wie die Gäste die Atmosphäre stressfreien Einkaufens und die persönliche Wertschätzung der Detailhändlerinnen und -händler schätzen und somit bereit sind, ein paar Schritte zu Fuss zu gehen.

Wir sind heute in der besonderen Lage, dass viele Geschäfte durch die Hausbesitzenden selbst geführt werden. Dies ist eine der grossen Stärken des Dorfs. Trotzdem hat in den letzten Jahren der Mietanteil eher zugenommen. Glücklicherweise sind aber dort überall wieder einheimische Firmen als Mietende oder gar Kaufende aufgetreten, die so das Angebot im Dorf weiterhin zu einer Einkaufsperle in der Ostschweiz, ja sogar der ganzen Schweiz machen. Vergleiche ich das Dorf von heute mit jenem von vor 25 Jahren, stelle ich fest, dass es sich qualitativ positiv entwickelt hat. Das Sortiment hat sich zwar gewandelt, aber der Charme und die Exklusivität und schliesslich auch die Arbeitsplätze sind erhalten geblieben. Dafür gebührt den Hausbesitzenden, welche die Häuser auf eigene Kosten unterhalten, ein grosser Dank. Noch grösser ist der Dank, dass sie bisher auf die Vermietung an nationale oder gar internationale Detailhandelsgeschäfte, insbesondere der Textilbranche und von Schnellimbissketten, verzichtet haben.

In diesem Zusammenhang möchte ich dem Vorstand des VAT AI und der Standeskommission ein Kränzchen winden. Der Entscheid, die Tourist Information an den sensiblen Landsgemeindeplatz in Appenzell zu verlegen, unterstützt die Haltung, den Dorfkern auszudehnen und mit einem exklusiven Ladenmix und einem starken Tourismus lebendig halten zu wollen. Ich vermute wohl zu Recht, dass die eine oder andere Fastfoodkette am Landsgemeindeplatz gern zugeschlagen hätte.

Als Tourismusverein sehen wir für die Zukunft des Dorfs zwei Hauptanliegen: Erstens muss es uns gelingen, ausgehend von der Hauptgasse als Achse, einen Dorfkern zu bilden. Das Einkaufserlebnis im Zentrum sollte sich vermehrt in der Süd-Nord-Ausrichtung entwickeln und so an Attraktivität gewinnen. Der Klosterladen, das Zunfthaus und die geplante Volksbibliothek im Verwaltungsgebäude zeigen, dass es in die richtige Richtung geht.

Zweitens liegt aus meiner Sicht das Seelenheil nicht im Durchgangsverkehr und in parkierten Autos auf dem Landsgemeindeplatz, sondern im autofreien Dorfkern mit attraktiven Parkmöglichkeiten in Gehdistanz. Dabei können Teilstrecken als Begegnungszone (Tempo 20) befahren oder ein Zubringerdienst eingeführt werden. Der Langsamverkehr muss künftig im Dorfkern prioritärer behandelt werden. Wohnen und arbeiten müssen weiterhin Platz haben. Appenzell soll ein ganzjähriger Lebensort für die einheimische Bevölkerung bleiben.

Tourismus und Landwirtschaft: Zwei ungleiche, aber abhängige Brüder

Obwohl in den anderen Sektoren deutlich mehr Arbeitsplätze bestehen, wird Appenzell Innerrhoden nach aussen als Landwirtschaftskanton mit einem starken Bauernstand wahrgenommen. Das ist ganz im Interesse des Tourismusvereins und soll die Wertschätzung der Landwirtschaft bei Gästen und Einheimischen stärken. Nebst der

Pflege des Landschaftsbilds verdanken wir den Bäuerinnen und Bauern viele Bräuche, die Land und Leute prägen.

Schon heute arbeiten viele Landwirtschaftsbetriebe mit dem VAT AI Hand in Hand. Diese Zusammenarbeit funktioniert äusserst gut und ist von gegenseitigem Respekt und dem Willen geprägt, gemeinsam etwas zu gestalten. Die jährlich neu aufgelegte Broschüre «Landwirtschaft erleben» erfährt regelmässige Erweiterungen durch neue Angebote sowie durch die steigende Anzahl an Betrieben, die sich nicht nur auf die klassische Milchwirtschaft ausrichten. So ist feststellbar, dass immer mehr Alpkäsereien entstehen, die dem Trend zu regionalen und von Hand gemachten Produkten nachkommen. Die Folge davon liegt ganz im Interesse des Tourismus: Immer mehr Alpkäse im Alpstein wird direkt an die Gäste verkauft. Eine Win-Win-Situation für beide Seiten mit der wichtigen Erkenntnis, dass die Landwirtschaft vom Tourismus profitieren kann. Die steigende Anzahl an Hofläden oder der gemeinsame Auftritt an der Olma im Rahmen des Genussmarkts sind nur zwei Beispiele, die den Absatz der landwirtschaftlichen Produkte fördern. Auch die Bestellungen der Gastronomie und der Hotellerie unterstützen diese positive Richtung.

116

116
Inserat für gratis An- und Rückreise «Guet göll, gratis ond grüe uf Appezöll». Bild Appenzeller Bahnen, Gestaltung koller.team, 2020.

Nachhaltigkeit: Modewort oder effektiver Sinneswandel?

Noch zur Jahrtausendwende war «sanfter Tourismus» das Modewort im Schweizer Tourismus. Damit gemeint ist eine Reiseform, die möglichst wenig Auswirkungen auf die natürlichen Ressourcen hat. Aktuell wirbt jede Destination mit dem Label «nachhaltiger Tourismus». Schweiz Tourismus hat mit «Swisstainable» sogar ein eigenes Wort samt Label zu diesem Thema geschaffen.

Heute in Appenzell von einem sanften Tourismus zu sprechen, wäre ebenso falsch wie die Verwendung der Begriffe «Massentourismus» oder «Übertourismus». Die Behauptung, Appenzell und insbesondere der Alpstein seien überlaufen, gründet meiner Meinung nach auf rein subjektiven Wahrnehmungen einiger Tourismuskritikerinnen und -kritiker, die den Alpstein an schönen Wochenenden am liebsten für sich allein hätten. Fakt ist, dass bereits vor fünfzig Jahren an schönen Wochenenden grosse Menschenströme aus der Region Bodensee den Alpstein aufsuchten und bei den Luftseilbahnen Platzkarten verteilt werden mussten. So zeigt ein Blick auf die höchsten Tagesfrequenzen bei der Luftseilbahn Brülisau–Hoher Kasten, dass in den 1960er- und 1970er-Jahren die höchste tägliche Frequenz regelmässig bei weit über 4000 Passagieren lag, heute bewegen sich diese Zahlen zwischen 2000 und 3000 Gästen.

In diesem Zusammenhang erinnere ich gern an die Situation Anfang der 2000er-Jahren in Brülisau. Die Luftseilbahn stand unmittelbar vor dem Konkurs. Nur dank des attraktiven Drehrestaurants und der damit verbundenen Steigerung und regelmässigeren Auslastung kann die Bahn heute überleben. Doch für diese positive Existenz einer Unternehmung brauchen wir regelmässige Frequenzen und Gäste. Zu glauben, unsere Luftseilbahnen und Berggasthäuser könnten nur von Luft und Liebe leben, ist blauäugig. Wir Touristikerinnen und Touristiker sehen uns aber mit den Leistungsträgerinnen und -trägern sowie den Behörden in der Verantwortung, diese Frequenzen möglichst in Einklang mit den Bedürfnissen der Einheimischen bringen zu können. Die breite und vielschichtige Abhängigkeit hat übrigens die Erstellung des Drehrestaurants auf dem Hohen Kasten gezeigt: Praktisch mit dem Tag der Eröffnung im Jahr 2008 konnten wir regelmässig eine zweite Person am Schalter der Tourist Information in Appenzell beschäftigen. Es zeigte sich schnell, dass Gäste, die das Drehrestaurant aufsuchen, auch einen Halt im Dorf einlegen, in den dortigen Detailhandelsgeschäften und der Gastronomie Geld ausgeben und so Arbeitsplätze schaffen.

Unser Verein hat sich ebenfalls der Nachhaltigkeit verschrieben und dies bewusst in der Strategie festgehalten. Leicht verwechselt man nachhaltig mit ökologisch. Dies greift zu kurz, denn die soziale Verträglichkeit für die Gesellschaft und die Wirtschaftlichkeit sind gleichwertige Aspekte, die dieser Begriff beinhaltet.

Bereits 2018 haben wir uns überlegt, wie wir als Tourismusorganisation einen aktiven, nachhaltigen Beitrag zum Klimaschutz leisten können. Im Wissen, dass bei Ferienreisen über 70 Prozent des CO2-Austosses bei der An- und Rückreise produziert werden, wollten wir dort den Hebel ansetzen, wo die Wirkung am grössten ist. So wurde im Jahr 2020 die kostenlose An- und Rückreise mit den öffentlichen Verkehrsmitteln für alle Gäste, die mindestens drei Nächte in Appenzell oder Umgebung weilen, lanciert. Das Angebot zielt auf alle drei Aspekte der Nachhaltigkeit. Dank der überdurchschnittlichen Aufenthaltsdauer profitieren insbesondere die Hotellerie, Parahotellerie, Gastronomie und der Detailhandel. Mit der Motivation, die Gäste mit der Bahn anreisen zu lassen, reduzieren wir gezielt den Verkehr im Kanton, da diese auch vor Ort den öffentlichen Verkehr benützen und so Lärm, Verkehr und Emissionen vermeiden. Diese Auswirkung ist sowohl sozial wie auch ökologisch spürbar.

Zukunft: Neue Herausforderungen

Manchmal müssen wir im Tourismus auch unpopuläre Entscheide fällen. Viele einheimische Mountainbikefahrende verstehen beispielsweise nicht, warum sich Appenzellerland Tourismus AI nicht verstärkt auf dieses Gästesegment ausrichtet. Die Antwort ist einfach und trotzdem unattraktiv: Es fehlt an Platz. Viele Wanderwege sind bereits heute gut begangen, und wir schaffen es in diesem kleinräumigen Kanton nicht, separate Strecken für Bikerinnen und Biker auszuscheiden. Denn dies würde zu Konflikten mit der Landwirtschaft, dem Forst und der Wildhut führen. In Appenzell Innerrhoden wird so vor allem das neue Velogesetz in den kommenden Jahren prägend für die Entwicklung des Langsamverkehrs sein. Der VAT AI wird dabei in erster Linie die Interessen der wandernden Gäste und Einheimischen vertreten, ohne die Anliegen der einheimischen Bikerinnen und Biker aus den Augen zu verlieren.

Auch wir beim VAT AI sind vom guten Willen unserer Leistungsträgerinnen und -träger abhängig. Allein können wir praktisch nichts erreichen. Wir müssen immer wieder Personen und Firmen ins Boot holen und versuchen, mit denjenigen etwas auf die Beine zu stellen, die mit uns gehen wollen. Dazu brauchen wir Zugpferde, welche die Partnerinnen und Partner innerhalb der gleichen Branche mitziehen. Sie fungieren als Lokomotiven und Taktgebende. Ohne einzelne Leistungsträgerinnen und -träger hier hervorheben zu wollen, müssen wir diesen Betrieben und

117

Unternehmungen dankbar sein. Wir sind nämlich in unserem Kanton in der guten Lage, gleich mit mehreren solcher Zugpferde aufwarten zu können.

Im Bereich der Saisonalität stehen ebenfalls grosse Herausforderungen an. Im Sommer und Herbst sind die Kapazitäten gut ausgelastet, im Winter sehen wir noch Potenzial. Der Klimawandel wird das Seinige beitragen und von uns eine hohe Flexibilität fordern. Es wird weiterhin Neuschneephasen im Appenzellerland geben, die jedoch nur wenige Tage anhalten und schnell in einem «Pflotsch ond Matsch» enden. Diese Ausgangslage verhindert die erfolgreiche Lancierung klassischer Leistungen, bei denen der Schnee die Hauptrolle spielt. Mehr Beständigkeit bieten hier die kulturellen Angebote. Mit attraktiven Programmen für Gruppen und Individualgäste möchten wir das Winterhalbjahr im Sinne einer verantwortungsvollen Tourismusförderung weiter beleben – unabhängig von Schnee und Wetterverhältnissen. Dieser Prozess kann nicht von heute auf morgen geschehen, sondern muss langfristig und breit abgestützt werden.

Der touristische Erlebnisraum überlappt mit dem Lebensraum der einheimischen Bevölkerung. Dabei können Interessen und Nutzungskonflikte entstehen. Um die Tourismusakzeptanz zu erhalten, wird bei uns die Verträglichkeit von touristischen Angeboten mit der einheimischen Bevölkerung bei jedem Projekt im Sommer und im Winter geprüft. Appenzellerland Tourismus AI ist sich dieser Verantwortung bewusst, vor allem im Wissen darum, dass es ohne Einheimische weder Kultur noch Brauchtum gäbe. Das Augenmerk soll darauf liegen, dass sich jede und jeder mit Gästekontakt auch als Botschafterin und Botschafter, ja als Gastgeberin und Gastgeber fühlt und dies den Gast spüren lässt.

118

Die weitaus grösste Herausforderung für die Zukunft ist in diesem Kapitel bis jetzt noch gar nicht erwähnt worden, und ich habe sie mir bewusst zum Schluss aufgespart: der Mangel an Fachkräften. Praktisch jede von uns durchgeführte Gästebefragung kommt zum Ergebnis, dass die Gäste die Freundlichkeit der einheimischen Bevölkerung und der Angestellten am meisten schätzen. Fast in jedem Sektor fehlt aber Personal. Gastrobetriebe werden gezwungen, mehr Ruhetage einzuführen, Gewerbebetriebe können die Lehrstellen nicht besetzen, und uns fehlen Angestellte und Dorfführerinnen und -führer, die bereit sind, an Sonntagen zu arbeiten. Diesen Herausforderungen müssen wir uns gemeinsam stellen. Wir müssen uns mit allen Mitteln dafür einsetzen, dass wir eine authentische Gastfreundschaft erhalten können. Wir brauchen Menschen, die mit «Liib ond Seel» unser Land vertreten und gewillt sind, den Gästen zu dienen. Infrastruktur kann mit Geld und Fachkompetenz eingekauft werden, nicht aber authentische Gastfreundschaft. Den Angestellten müssen wir zukünftig noch mehr Sorge tragen und Wertschätzung entgegenbringen. Die Bereitschaft, wieder Lernende auszubilden, muss ein wichtiges Ziel innerhalb der Tourismusbranche sein. Ich sehe gute Beispielbetriebe, die diese Philosophie der Personalführung bereits vorleben und Erfolg damit haben.

Beenden möchte ich meine Ausführungen mit einem Zitat von Antoine de Saint-Exupéry: «Die Zukunft soll man nicht voraussehen wollen, sondern möglich machen!»[239] Ich bin überzeugt, dass es uns als Gemeinschaft gelingt, die kommenden Herausforderungen in die richtigen Bahnen zu lenken, zum Wohl von Land und Leuten im Kanton Appenzell Innerrhoden. Ein kleines Zahnrad in diesem grossen Getriebe bedienen zu dürfen, freut mich und macht mich stolz.

117
Hotel Hof Weissbad mit Badehaus im Vorder- und Hauptgebäude im Hintergrund, 2024.

118
Ohne «Botzerössli» (Pferdeattrappen aus Holz mit Reiterinnen und Reitern) keine Appenzeller Fasnacht. Fotografie Corinne Kunz, 2017.

119

119

Vorstand und Geschäftsstelle des Vereins Appenzellerland Tourismus AI vor der neu eröffneten Tourist Information Appenzell. Fotografie Rahel Manser, 2024.

Hinten von links: Josef Schmid, Vertreter Luftseilbahnen; Alfred Koller, Hauptmann Bezirk Appenzell; Roberto Wittwer, Vertreter Hotellerie; Guido Buob, Geschäftsführer VAT AI.

Mitte von links: Thomas Manser, Präsident Bergwirteverein Alpstein; Sepp Manser, Präsident VAT AI; Roland Dähler, Landammann und Vorsteher Volkswirtschaftsdepartement Appenzell Innerrhoden; Walter Mock, Präsident Bauernverband Appenzell Innerrhoden.

Vorne von links: Bruno Inauen, Präsident Verband Detailhandel Appenzell; Aline Holderegger, Vertreterin Appenzeller Regionalmarketing; Silvie Inauen, Vertreterin Verband Gastro AI; Karin Koller, Vertreterin Ferienwohnungen; Andrea Manser, Leiterin Tourist Information und Stellvertreterin des Geschäftsführers.

INFORMATION

Dank

Zum Gelingen des Buches haben mehrere Personen beigetragen. Dem Geschäftsführer Guido Buob und dem Vorstand des Vereins Appenzellerland Tourismus AI danken wir für den grossartigen Auftrag und das entgegengebrachte Vertrauen. Das Team der Geschäftsstelle hat uns bei den Recherchen im Vereinsarchiv unterstützt und die Geschäftsberichte digital zugänglich gemacht.

Sandro Frefel, dem Landesarchivar von Appenzell Innerrhoden, danken wir für das Bereitstellen der Bestände, die Digitalisierung der Bildquellen sowie für sein wissenschaftliches Lektorat und die wertvolle Unterstützung bei der Recherche.

Bei den Co-Leiterinnen des Museums Appenzell, Birgit Langenegger und Martina Obrecht, bedanken wir uns für die Unterstützung bei der Bildrecherche und das Bereitstellen der Digitalisate. Ebenso danken wir den Mitarbeitenden der Innerrhodischen Kantonsbibliothek, des Staatsarchivs Appenzell Ausserrhoden sowie der Kantonsbibliothek Appenzell Ausserrhoden für das Bereitstellen von Archivalien und Bildern.

Dem Appenzeller Verlag, insbesondere der Co-Geschäftsleiterin Christine König, danken wir für die Aufnahme des Buchs ins Verlagsprogramm, Susanna Schoch für das Lektorat, Mike Müller für die Gestaltung und Andreas Butz für die Autorinnenporträts.

Anna Schneider von «KLIO – Raum für Geschichte» gilt ebenfalls ein Dank für ihre Lektoratsarbeit.

Anhang

Liste der Präsidenten des Kur- und Verkehrsvereins Appenzell Innerrhoden und des Vereins Appenzellerland Tourismus AI

1899 – 1942	Emil Hildebrand, Arzt
1942 – 1966	Niklaus Senn, Direktor Appenzell-Innerrhodische Kantonalbank
1967 – 1969	Karl Dobler, Landammann und Ständerat
1969 – 1974	Karl Locher, Hauptmann und Landesfähnrich
1974 – 1981	Roman Böhi, Direktor der Filiale Appenzell des Schweizerischen Bankvereins (SBV)
1981 – 1985	Walter Regli, Rechtsanwalt
1985 – 1987	Willy Raess, Kaufmann
1987 – 1994	Hans Sutter, Bauherr, Betriebsleiter Luftseilbahn Brülisau – Hoher Kasten (LBHK)
1994 – 2008	Josef (Sepp) Moser, Treuhänder, Hauptmann, Säckelmeister
2008 – 2018	Ruedi Ulmann, Gastronom, Bauherr
Seit 2018	Sepp Manser, Hauptmann, Gastronom

Liste der Geschäftsführer des Kur- und Verkehrsvereins Appenzell Innerrhoden und des Vereins Appenzellerland Tourismus AI

1975 – 1987	Leo Gmünder
1987 – 2000	Willy Raess
Seit 2000	Guido Buob

120
Die Präsidenten des Kur- und Verkehrsvereins Appenzell Innerrhoden und des Vereins Appenzellerland Tourismus AI mit Bild im Jubiläumsgeschäftsbericht, 1999.

121
Ruedi Ulmann, Präsident des Vereins Appenzellerland Tourismus AI 2008 – 2018. Fotografie Philipp Griesemer, 2017.

122
Sepp Manser, Präsident des Vereins Appenzellerland Tourismus AI seit 2018. Fotografie Rahel Manser, 2024.

Appenzellerland
Schweiz Suisse Switzerland

Präsidenten Kur- und Verkehrsverein bzw. Appenzellerland Tourismus

Dr. med. Emil Hildebrand 1899 – 1942

Niklaus Senn, Direktor App. I. Rh. Kantonalbank 1942 – 1966

Karl Dobler, Landammann und Ständerat 1967 – 1969

Karl Locher, Hauptmann und Landesfähnrich 1969 – 1974

Roman Böhi, Direktor SBV 1974 – 1981

Walter Regli, lic. iur., Rechtsanwalt 1981 – 1985

Willy Raess, Kaufmann, 1985 – 1987, nachher Geschäftsführer

Hans Sutter, Bauherr, Betriebsleiter LBHK 1987 – 1994

Josef Moser, Hptm., Treuhänder 1994 –

120

121

122

Literatur- und Quellennachweise

1 Jahresbericht des Kur- und Verkehrsvereins Appenzell Innerrhoden von 1900, S. 7 – 8 (KBAI, P 522).

2 Grünewald, Theodor; Neff, Jakob: In die Berge des Appenzellerländchens. Für die Freunde der Natur und ländlicher Sitten. Appenzell 1881, S. 74.

3 Protokoll- und Rechnungsbuch der Promenadengesellschaft Appenzell 1868 – 1897, S. 1 (LAAI, M.11.36/25).

4 Kölbener, Baptist Beat: Historischer Rückblick zur Promenadengesellschaft, 12.04.1899, in: Protokoll- und Rechnungsbuch des Kur- und Verkehrsvereins Appenzell Innerrhoden 1899 – 1912 (LAAI, M.11.36/26).

5 Protokoll der Hauptversammlung der Promenadengesellschaft Appenzell, 14.06.1877, in: Protokoll- und Rechnungsbuch der Promenadengesellschaft Appenzell 1868 – 1897, S. 13 (LAAI, M.11.36/25).

6 Statuten des Kurvereins Appenzell, 25.06.1878 (LAAI, N.001/002:024).

7 Verzeichnis der Bäume des Kurvereins 1883 im Protokoll- und Rechnungsbuch der Promenadengesellschaft Appenzell 1868 – 1897, S. 50 (LAAI, M.11.36/25).

8 Protokoll der Hauptversammlung der Promenadengesellschaft Appenzell, 21.04.1883, in: Protokoll- und Rechnungsbuch der Promenadengesellschaft Appenzell 1868 – 1897, S. 48 (LAAI, M.11.36/25).

9 Protokoll- und Rechnungsbuch der Promenadengesellschaft Appenzell 1868 – 1897, S. 69 (LAAI, M.11.36/25).

10 Nebenbemerkung des Aktuars, 08.04.1883, in: Protokoll- und Rechnungsbuch der Promenadengesellschaft Appenzell 1868 – 1897, S. 41 (LAAI, M.11.36/25).

11 Protokoll der Hauptversammlung der Promenadengesellschaft Appenzell, 15.05.1887, in: Protokoll und Rechnungsbuch der Promenadengesellschaft Appenzell 1868-1897, S. 105 (LAAI, M.11.36/25).

12 Protokoll der Hauptversammlung des Kur- und Verkehrsvereins Appenzell Innerrhoden, 12.04.1899, in: Protokoll- und Rechnungsbuch des Kur- und Verkehrsvereins Appenzell Innerrhoden 1899 – 1912 (LAAI, M.11.36/26).

13 Hauptversammlung des Kurvereins, 22.07.1897, in: Protokoll- und Rechnungsbuch des Kurvereins Appenzell 1868-1897, S. 174 (LAAI, M.11.36/25).

14 Protokoll der Hauptversammlung des Kur- und Verkehrsvereins Appenzell Innerrhoden, 12.04.1899, in: Protokoll- und Rechnungsbuch des Kur- und Verkehrsvereins Appenzell Innerrhoden 1899 – 1912 (LAAI, M.11.36/26).

15 Protokoll der Hauptversammlung des Kur- und Verkehrsvereins Appenzell Innerrhoden, 12.04.1899, in: Protokoll- und Rechnungsbuch des Kur- und Verkehrsvereins Appenzell Innerrhoden 1899 – 1912 (LAAI, M.11.36/26).

16 Protokoll der Hauptversammlung des Kur- und Verkehrsvereins Appenzell Innerrhoden, 12.04.1899, in: Protokoll- und Rechnungsbuch des Kur- und Verkehrsvereins Appenzell Innerrhoden 1899 – 1912 (LAAI, M.11.36/26).

17 Statuten des Kur- und Verkehrsvereins Appenzell Innerrhoden, 13.04.1899 (LAAI, N.001/002:054).

18 Ratsherr Dr. med. Emil Hildebrand, Nachruf, in: Appenzeller Volksfreund, 22.11.1943.

19 Frau Wilhelmina Hildebrand-Rusch, Nachruf, in: Appenzeller Volksfreund, 11.07.1967.

20 Ratsherr Dr. med. Emil Hildebrand, Nachruf, in: Appenzeller Volksfreund, 22.11.1943.

21 Ratsherr Dr. med. Emil Hildebrand, Nachruf, in: Appenzeller Volksfreund, 22.11.1943; vgl. auch: Lebenslauf von Dr. med. Emil Hildebrand, verlesen an seiner Beerdigung, 24.11.1943 (LAAI, M.03.02/001.01).

22 Jahresbericht des Kur- und Verkehrsvereins Appenzell Innerrhoden von 1899, Appenzell 1900, in: Protokoll- und Rechnungsbuch des Kur- und Verkehrsvereins Appenzell Innerrhoden 1899 – 1912 (LAAI, M.11.36/26).

23 Jahresbericht des Kur- und Verkehrsvereins Appenzell Innerrhoden von 1899, Appenzell 1900, in: Protokoll- und Rechnungsbuch des Kur- und Verkehrsvereins Appenzell Innerrhoden 1899 – 1912 (LAAI, M.11.36/26).

24 Jahresbericht des Kur- und Verkehrsvereins Appenzell Innerrhoden von 1900, Appenzell 1901, S. 6 (KBAI, P 522).

25 Jahresbericht des Kur- und Verkehrsvereins Appenzell Innerrhoden von 1904, in: Appenzeller Volksfreund, 03. und 07.06.1905.

26 Jahresbericht des Kur- und Verkehrsvereins Appenzell Innerrhoden von 1941, in: Appenzeller Volksfreund, 13.05.1942.

27 Jahresbericht des Kur- und Verkehrsvereins Appenzell Innerrhoden von 1900, Appenzell 1901, S. 12 (KBAI, P 522).

28 Fremdenblatt, 26.07.1900, Appenzell 1900 (KBAI, Z 8.2).

29 Jahresbericht des Kur- und Verkehrsvereins Appenzell Innerrhoden von 1902, in: Appenzeller Volksfreund, 13. und 20.05.1903.

30 Vgl. Protokoll der Kommissionssitzung des Kur- und Verkehrsvereins vom 03.03.1913, in: Protokollbuch des Kur- und Verkehrsvereins Appenzell Innerrhoden 1912 – 1924 (LAAI, M.11.36/27).

31 Das Verkehrschalet, in: Appenzeller Volksfreund, 27.01.1955.

32 Vgl. Das Chalet, in: Appenzeller Volksfreund, 31.01.1955.

33 Vgl. Jahresbericht des Kur- und Verkehrsvereins Appenzell Innerrhoden von 1909/1910, in: Appenzeller Volksfreund, 04.06.1910.

34 Protokoll der Kommissionssitzung des Kur- und Verkehrsvereins Appenzell Innerrhoden, 22.06.1899, in: Protokoll- und Rechnungsbuch des Kur- und Verkehrsvereins Appenzell Innerrhoden 1899 – 1912 (LAAI, M.11.36/26).

35 Vgl. Verordnung betreffend die Bergführer vom 30.11.1936 (LAAI, N.001/001:0448)

36 Protokoll der Hauptversammlung des Kur- und Verkehrsvereins Appenzell Innerrhoden, 05.04.1903, in: Protokoll- und Rechnungsbuch des Kur- und Verkehrsvereins Appenzell Innerrhoden 1899 – 1912 (LAAI, M.11.36/26).

37 Viehseuche, in: Neue Zürcher Zeitung, 25.07.1902; vgl. auch Der Bund, 17.07.1902; Täglicher Anzeiger für Thun und das Berner Oberland, 18.07.1902.

38 Jahresbericht des Kur- und Verkehrsvereins von 1903, in: Appenzeller Volksfreund, 20.04.1904 und 07.05.1904.

39 Zum Trachtenfest, in: Neue Zürcher Zeitung, 04.08.1904.

40 Vgl. Protokoll der Kommissionssitzung des Kur- und Verkehrsvereins Appenzell Innerrhoden, 07.08.1904, in: Protokoll- und Rechnungsbuch des Kur- und Verkehrsvereins Appenzell Innerrhoden 1899 – 1912 (LAAI, M.11.36/26); Jahresbericht des Kur- und Verkehrsvereins Appenzell Innerrhoden von 1904, in: Appenzeller Volksfreund, 03. und 07.06.1905.

41 Vom Trachtenfest in Appenzell, in: Täglicher Anzeiger für Thun und das Berner Oberland, 11.08.1904.

42 Protokoll der Hauptversammlung des Kur- und Verkehrsvereins Appenzell Innerrhoden, 30.05.1910, in: Protokoll- und Rechnungsbuch des Kur- und Verkehrsvereins Appenzell Innerrhoden 1899 – 1912 (LAAI, M.11.36/26).

43 Protokoll der Kommissionssitzung des Kur- und Verkehrsvereins Appenzell Innerrhoden, 20.06.1910, in: Protokoll- und Rechnungsbuch des Kur- und Verkehrsvereins Appenzell Innerrhoden 1899 – 1912 (LAAI, M.11.36/26).

44 Jahresbericht des Kur- und Verkehrsvereins Appenzell Innerrhoden von 1911, in: Protokoll- und Rechnungsbuch des Kur- und Verkehrsvereins Appenzell Innerrhoden 1899 – 1912 (LAAI, M.11.36/26).

45 Jahresbericht des Kur- und Verkehrsvereins Appenzell Innerrhoden von 1911, in: Protokoll- und Rechnungsbuch des Kur- und Verkehrsvereins Appenzell Innerrhoden 1899 – 1912 (LAAI, M.11.36/26).

46 Jahresbericht des Kur- und Verkehrsvereins Appenzell Innerrhoden von 1911, in: Protokoll- und Rechnungsbuch des Kur- und Verkehrsvereins Appenzell Innerrhoden 1899 – 1912 (LAAI, M.11.36/26).

47 Protokoll der Hauptversammlung vom 30.05.1910, in: Protokoll- und Rechnungsbuch des Kur- und Verkehrsvereins Appenzell Innerrhoden 1899 – 1912 (LAAI, M.11.36/26).

48 Vgl. Vom letzten Sonntag (1. Augustfeier), in: Oberegger Anzeiger, 02.08.1912.

49 Vgl. Ein Sturzflieger im Alpsteingebiet, in: Der Bund, 27.05.1914; Flugtag in Appenzell, in: Neue Zürcher Zeitung, 19.06.1914; Biders Flug Bern-St. Gallen-Appenzell, in: Der Bund, 22.06.1914; In Appenzell, in: Oberländer Tagblatt, 22.06.1914.

50 Vgl. Signer, Jakob: Chronik der Appenzell I.Rh. Liegenschaften, in: Appenzellische Geschichtsblätter, Jg. 21, Nr. 4, Appenzell 1959.

51 Vgl. Signer, Jakob: Chronik der Appenzell I.Rh. Liegenschaften, in: Appenzellische Geschichtsblätter, Jg. 21, Nr. 4, Appenzell 1959.

52 Signer, Jakob: Chronik der Appenzell I.Rh. Liegenschaften, in: Appenzellische Geschichtsblätter, Jg. 21, Nr. 4, Appenzell 1959.

53 Inserat Kurhaus Weissbad, in: Fremdenblatt vom 26.07.1900, Appenzell 1900.

54 Vgl. Bischofberger, Hermann: Bewegte Weissbadgeschichte. Geschichte der Kurstätte Weissbad (Schriftenreihe Hof Weissbad, Bd. 1), Weissbad o.D.

55 Signer, Jakob: Chronik der Appenzell I.Rh. Liegenschaften, in: Appenzellische Geschichtsblätter, Jg. 23, Nr. 7, Appenzell 1961, S. 1.

56 Signer, Jakob: Chronik der Appenzell I.Rh. Liegenschaften, in: Appenzellische Geschichtsblätter, Jg. 22, Nr. 6, Appenzell 1960; Appenzeller Zeitung, 30.05.1849.

57 Inserat Kurhaus Gontenbad, in: Fremdenblatt, 26.07.1900, Appenzell 1900; vgl. auch: Fuchs, Thomas: Von der Notwendigkeit zum Wellnessangebot. Heilbäder und Badeanstalten, S. 127, in: Es fliesst und fliesst und fliesst. Die appenzellischen Gewässer, hg. von Christine König, Herisau 2014, S. 122 – 135.

58 Saison-Rundschau, in: Neue Zürcher Zeitung, 25.07.1919.

59 Vgl. Protokoll der Kommissionssitzung des Kur- und Verkehrsvereins Appenzell Innerrhoden, 01.07.1920, in: Protokollbuch des Kur- und Verkehrsvereins Appenzell Innerrhoden 1912 – 1924 (LAAI, M.11.36/27).

60 Vgl. Protokoll der Kommissionssitzung des Kur- und Verkehrsvereins Appenzell Innerrhoden, 06.08.1920, in: Protokollbuch des Kur- und Verkehrsvereins Appenzell Innerrhoden 1912 – 1924 (LAAI, M.11.36/27).

61 Jahresbericht des Kur- und Verkehrsvereins Appenzell Innerrhoden von 1927, in: Appenzeller Volksfreund, 06.06.1928.

62 Vgl. Kur- und Verkehrsverein Appenzell. Kinofilm in Amerika, in: Neue Zürcher Zeitung, 25.06.1920.

63 Vgl. Protokoll der Kommissionssitzung des Kur- und Verkehrsvereins Appenzell Innerrhoden, 18.11.1924, in: Protokollbuch des Kur- und Verkehrsvereins Appenzell Innerrhoden 1924 – 1932 (LAAI, M.11.36/28).

64 Vgl. Jahresbericht des Kur- und Verkehrsvereins Appenzell Innerrhoden von 1928, in: Appenzeller Volksfreund, 18.05.1929.

65 Protokoll der Kommissionssitzung des Kur- und Verkehrsvereins Appenzell Innerrhoden, 20.07.1921, in: Protokollbuch des Kur- und Verkehrsvereins Appenzell Innerrhoden 1912 – 1924 (LAAI, M.11.36/27).

66 Vgl. Fischer, Rainald: Die Kunstdenkmäler des Kantons Appenzell Innerrhoden (Die Kunstdenkmäler der Schweiz, Bd. 74), Basel 1984; Nisple, Agathe: Appenzell. Ein Dorf- und Kulturführer, Appenzell Innerrhoden, Herisau 2001.

67 Jahresbericht des Kur- und Verkehrsvereins Appenzell Innerrhoden von 1909/1910, in: Appenzeller Volksfreund, 04.06.1910.

68 Jahresbericht des Kur- und Verkehrsvereins Appenzell Innerrhoden von 1909/1910, in: Appenzeller Volksfreund, 04.06.1910.

69 Schreiben des Kur- und Verkehrsvereins Appenzell Innerrhoden an die Landesschulkommission von Appenzell Innerrhoden, 15.10.1907 (LAAI, K.IV.a/070).

70 Appenzeller Volksfreund, 17.04.1928; zitiert nach Frefel, Sandro: Badeanstalten und Badevergnügen in Appenzell Innerrhoden. Von der Geschlechtertrennung zum Gemeinschaftsbad, S. 24, in: Innerrhoder Geschichtsfreund, Bd. 44, Appenzell 2014, S. 7 – 73.

71 Vgl. Bade-Ordnung für das Schwimm- und Sonnen-Bad Weissbad, 01.06.1929 (LAAI, N.001/002:129).

72 Vgl. Baden ohne Geschlechtertrennung, in: Appenzeller Volksfreund, 18.06.1930; Badewesen in Innerrhoden, in: Appenzeller Volksfreund, 28.06.1930; zur Geschlechterdebatte vgl. auch Frefel, Sandro: Badeanstalten und Badevergnügen in Appenzell Innerrhoden. Von der Geschlechtertrennung zum Gemeinschaftsbad, S. 28 – 37, in: Innerrhoder Geschichtsfreund, Bd. 44, Appenzell 2014, S. 7 – 73.

73 Vgl. Verordnung über das Baden, 31.03.1930 (LAAI, N.001/001:0387).

74 Vgl. Bundesgerichtsentscheid in Sachen Kuranstalt Weissbad AG, gegen den Grossen Rat betr. Badeverordnung, Urteil und Akten, 1929–1930 (LAAI, K.III.a/67:02).

75 Zum Volksbad Forren vgl. Frefel, Sandro: Badeanstalten und Badevergnügen in Appenzell Innerrhoden. Von der Geschlechtertrennung zum Gemeinschaftsbad, S. 38–56, in: Innerrhoder Geschichtsfreund, Bd. 44, Appenzell 2014, S. 7–73.

76 Vgl. Auto-Verkehr in der Ostschweiz, in: Neue Zürcher Zeitung, 29.08.1919.

77 Vgl. Protokoll der Kommissionssitzung des Kur- und Verkehrsvereins Appenzell Innerrhoden, 10.02.1923, in: Protokollbuch des Kur- und Verkehrsvereins Appenzell Innerrhoden 1912–1924 (LAAI, M.11.36/27).

78 Vgl. Statistisches Jahrbuch der Schweiz 1921, hg. vom eidgenössischen statistischen Bureau, Bern 1922, S. 206.

79 Protokoll der Hauptversammlung des Kur- und Verkehrsvereins Appenzell Innerrhoden, 09.05.1926, in: Protokollbuch des Kur- und Verkehrsvereins Appenzell Innerrhoden 1924–1932 (LAAI, M.11.36/28).

80 Jahresbericht des Kur- und Verkehrsvereins Appenzell Innerrhoden von 1931, Appenzell 1932 (KBAI, P 522).

81 Hiltbrunner, Hermann: Der Zug ins Blaue, in: Neue Zürcher Zeitung, 03.02.1933.

82 Vgl. Protokoll der Hauptversammlung des Kur- und Verkehrsvereins Appenzell Innerrhoden, 12.04.1899, in: Protokoll- und Rechnungsbuch des Kur- und Verkehrsvereins Appenzell Innerrhoden 1899–1912 (LAAI, M.11.36/26).

83 Protokoll der Kommissionssitzung des Kur- und Verkehrsvereins Appenzell Innerrhoden, 29.06.1906, in: Protokoll- und Rechnungsbuch des Kur- und Verkehrsvereins Appenzell Innerrhoden 1899–1912 (LAAI, M.11.36/26).

84 Jahresbericht des Kur- und Verkehrsvereins Appenzell Innerrhoden von 1906/1907, Appenzell 1907, S. 4–5 (KBAI, P 522).

85 Vgl. Fässler, Adalbert: 100 Jahre SCA Appenzell, Appenzell 2009, S. 4; Bischofberger, Hermann: Bewegte Weissbadgeschichte. Geschichte der Kurstätte Weissbad (Schriftenreihe Hof Weissbad, Bd. 1), Weissbad o.D., S. 53.

86 Jahresbericht des Kur- und Verkehrsvereins Appenzell Innerrhoden von 1906/1907, Appenzell 1907, S. 4–5 (KBAI, P 522).

87 Jahresbericht des Kur- und Verkehrsvereins Appenzell Innerrhoden von 1909/1910, in: Appenzeller Volksfreund, 05.06.1910.

88 Protokoll der Kommissionssitzung des Kur- und Verkehrsvereins Appenzell Innerrhoden, 15.11.1912, in: Protokollbuch des Kur- und Verkehrsvereins Appenzell Innerrhoden 1912–1924 (LAAI, M.11.36/27).

89 Jahresbericht des Kur- und Verkehrsvereins Appenzell Innerrhoden von 1930, in: Protokollbuch des Kur- und Verkehrsvereins Appenzell Innerrhoden 1924–1932 (LAAI, M.11.36/28).

90 Vgl. Jahresbericht des Kur- und Verkehrsvereins Appenzell Innerrhoden von 1930, in: Protokollbuch des Kur- und Verkehrsvereins Appenzell Innerrhoden 1924–1932 (LAAI, M.11.36/28).

91 Vgl. Jahresbericht des Kur- und Verkehrsvereins Appenzell Innerrhoden von 1935, in: Protokollbuch des Kur- und Verkehrsvereins Appenzell Innerrhoden 1932–1940 (LAAI, M.11.36/29).

92 Vgl. Jahresbericht des Kur- und Verkehrsvereins Appenzell Innerrhoden von 1933, in: Protokollbuch des Kur- und Verkehrsvereins Appenzell Innerrhoden 1932–1940 (LAAI, M.11.36/29).

93 Protokoll der Kommissionssitzung des Kur- und Verkehrsvereins Appenzell Innerrhoden, 25.08.1931, in: Protokollbuch des Kur- und Verkehrsvereins Appenzell Innerrhoden 1924–1932 (LAAI, M.11.36/28).

94 Jahresbericht des Kur- und Verkehrsvereins Appenzell Innerrhoden von 1931, Appenzell 1932, S. 2 (KBAI, P 522).

95 Jahresrechnung des Kur- und Verkehrsvereins Appenzell Innerrhoden von 1932, Appenzell 1933, S. 1 (KBAI, P 522).

96 Jahresbericht des Kur- und Verkehrsverein Appenzell Innerrhoden von 1933, in: Protokollbuch des Kur- und Verkehrsvereins Appenzell Innerrhoden 1932–1940 (LAAI, M.11.36/29).

97 Vgl. Jahresberichte des Kur- und Verkehrsvereins Appenzell Innerrhoden von 1935 und 1936, in: Protokollbuch des Kur- und Verkehrsvereins Appenzell Innerrhoden 1932–1940 (LAAI, M.11.36/29); Protokoll der Kommissionssitzung des Kur- und Verkehrsvereins Appenzell Innerrhoden, 28.08.1935, 17.10.1935, 29.04.1936, in: Protokollbuch des Kur- und Verkehrsvereins Appenzell Innerrhoden 1932–1940 (LAAI, M.11.36/29).

98 Vgl. Auszug aus der Radiosendung vom 02.01.1936, in: Protokollbuch des Kur- und Verkehrsvereins Appenzell Innerrhoden 1932–1940 (LAAI, M.11.36/29).

99 Jahresbericht des Kur- und Verkehrsvereins Appenzell Innerrhoden von 1937, in: Protokollbuch des Kur- und Verkehrsvereins Appenzell Innerrhoden 1932–1940 (LAAI, M.11.36/29).

100 Vgl. Hürlemann, Hans: Säntis – Ziel vieler Träume. Die Geschichte der Bahnprojekte auf den Säntis, Herisau 2000, S. 25; Höhener, Hans: Tourismus, Bahnen und Verkehr, in: Der Alpstein. Natur und Kultur im Säntisgebiet, Herisau 2000, S. 230–249.

101 Vgl. Hürlemann, Hans: Säntis – Ziel vieler Träume. Die Geschichte der Bahnprojekte auf den Säntis, Herisau 2000, S. 29–35; Höhener, Hans: Tourismus, Bahnen und Verkehr, in: Der Alpstein. Natur und Kultur im Säntisgebiet, Herisau 2000, S. 230–249.

102 Protokoll der Hauptversammlung des Kur- und Verkehrsvereins Appenzell Innerrhoden, 02.06.1928, in: Protokollbuch des Kur- und Verkehrsvereins Appenzell Innerrhoden 1924–1932 (LAAI, M.11.36/28).

103 Säntisbahnprojekt, in: Appenzeller Volksfreund, 03.04.1930.

104 Auflistung teilweise aus: Grosser, Hermann: Der Fremdenverkehr und seine Entwicklung vom 17. Jahrhundert bis zur Gegenwart im Appenzellerland unter besonderer Berücksichtigung von Appenzell Innerrhoden, in: Appenzellerland. Landschaft – Geschichte – Kultur, Bühl/Baden 1978, S. 45–60, hier S. 56.

105 Protokoll der Kommissionssitzung des Kur- und Verkehrsvereins Appenzell Innerrhoden, 13.02.1930, in: Protokollbuch des Kur- und Verkehrsvereins Appenzell Innerrhoden 1924–1932 (LAAI, M.11.36/28).

106 Jahresbericht des Kur- und Verkehrsvereins Appenzell Innerrhoden von 1933, in: Protokollbuch des Kur- und Verkehrsvereins Appenzell Innerrhoden 1932–1940 (LAAI, M.11.36/29).

107 Jahresbericht des Kur- und Verkehrsvereins Appenzell Innerrhoden von 1934, in: Protokollbuch des Kur- und Verkehrsvereins Appenzell Innerrhoden 1932–1940 (LAAI, M.11.36/29).

108 Jahresbericht des Kur- und Verkehrsvereins Appenzell Innerrhoden von 1940, in: Appenzeller Volksfreund, 26.05.1941.

109 Jahresrechnung des Kur- und Verkehrsvereins Appenzell Innerrhoden von 1941, Appenzell 1942 (KBAI P 522).

110 Jahresrechnung des Kur- und Verkehrsvereins Appenzell Innerrhoden von 1941, Appenzell 1942 (KBAI P 522).

111 Jahresbericht des Kur- und Verkehrsvereins Appenzell Innerrhoden von 1944, Appenzell 1945 (KBAI P 522).

112 Jahresbericht des Kur- und Verkehrsvereins Appenzell Innerrhoden von 1944, Appenzell 1945 (KBAI P 522).

113 Vgl. Jahresbericht des Kur- und Verkehrsvereins Appenzell Innerrhoden von 1947, Appenzell 1948, S. 6 (Archiv VAT AI).

114 Vgl. Jahresbericht des Kur- und Verkehrsvereins Appenzell Innerrhoden von 1945, Appenzell 1946, S. 2–3 (Archiv VAT AI).

115 Jahresbericht des Kur- und Verkehrsvereins Appenzell Innerrhoden von 1959, Appenzell 1960, S. 17 (Archiv VAT AI).

116 Vgl. Aus dem Programm für Sonntag, 13. August Beromünster, in: Neue Zürcher Zeitung, 12.08.1933.

117 Vgl. Au ohni Göld, Radioaufführung: Programm & Korrespondenz, 1938 (LAAI, L.XXXIV/10).

118 Vgl. Jahresbericht des Kur- und Verkehrsvereins Appenzell Innerrhoden von 1975, Appenzell 1976, S. 9 (Archiv VAT AI).

119 Vgl. Der erste schweizerische Dialektfilm, in: Neue Zürcher Zeitung, 20.07.1933.

120 «Wie d'Warret würkt», in: Neue Zürcher Nachrichten, 28.11.1933.

121 «Wie d'Warret würkt», in: Neue Zürcher Nachrichten, 28.11.1933.

122 Vgl. Jahresbericht des Kur- und Verkehrsvereins Appenzell Innerrhoden von 1934, in: Protokollbuch des Kur- und Verkehrsvereins Appenzell Innerrhoden 1932–1940 (LAAI, M.11.36/29).

123 Vgl. Jahresbericht des Kur- und Verkehrsvereins Appenzell Innerrhoden von 1933, in: Protokollbuch des Kur- und Verkehrsvereins Appenzell Innerrhoden 1932–1940 (LAAI, M.11.36/29).

124 Vgl. Jahresbericht des Kur- und Verkehrsvereins Appenzell Innerrhoden von 1933, in: Protokollbuch des Kur- und Verkehrsvereins Appenzell Innerrhoden 1932–1940 (LAAI, M.11.36/29).

125 Vgl. Heuscher, Stephan: «Gipfelstürmer in den Kreuzbergen», in: Zeitzeugnisse, 17.12.2013, [online] https:// www.zeitzeugnisse.ch/detail.php?id=330 [03.09.2024].

126 Jahresbericht des Kur- und Verkehrsvereins Appenzell Innerrhoden von 1955, Appenzell 1956, S. 3 (Archiv VAT AI).

127 Jahresbericht des Kur- und Verkehrsvereins Appenzell Innerrhoden von 1959, Appenzell 1960, S. 11 (Archiv VAT AI).

128 Jahresbericht des Kur- und Verkehrsvereins Appenzell Innerrhoden von 1958, Appenzell 1959, S. 18 (Archiv VAT AI).

129 Jahresbericht des Kur- und Verkehrsvereins Appenzell Innerrhoden von 1959, Appenzell 1960, S. 15 (Archiv VAT AI).

130 Jahresbericht des Kur- und Verkehrsvereins Appenzell Innerrhoden von 1958, Appenzell 1959, S. 19 (Archiv VAT AI).

131 Jahresbericht des Kur- und Verkehrsvereins Appenzell Innerrhoden von 1955, Appenzell 1956, S. 13 (Archiv VAT AI).

132 Vgl. Jahresbericht des Kur- und Verkehrsvereins Appenzell Innerrhoden von 1960, Appenzell 1961, S. 5–6 (Archiv VAT AI).

133 Jahresbericht des Kur- und Verkehrsvereins Appenzell Innerrhoden von 1948, Appenzell 1949, S. 3 (Archiv VAT AI).

134 Jahresbericht des Kur- und Verkehrsvereins Appenzell Innerrhoden von 1949, Appenzell 1950, S. 4 (Archiv VAT AI).

135 Jahresbericht des Kur- und Verkehrsvereins Appenzell Innerrhoden von 1956, Appenzell 1957, S. 11 (Archiv VAT AI).

136 Jahresbericht des Kur- und Verkehrsvereins Appenzell Innerrhoden von 1971, Appenzell 1972, S. 15 (Archiv VAT AI).

137 Jahresbericht des Kur- und Verkehrsvereins Appenzell Innerrhoden von 1981, Appenzell 1982, S. 11 (Archiv VAT AI).

138 Mit der Luftseilbahn auf den Hohen Kasten, in: Neue Zürcher Zeitung, 13.08.1964.

139 Jahresbericht des Kur- und Verkehrsvereins Appenzell Innerrhoden von 1964, Appenzell 1965, S. 4 (Archiv VAT AI).

140 Vgl. Radiowandern – ein neuer Sport, in: Der Bund, 17.08.1961.

141 Diskussion um die Radiowanderungen, in: Neue Zürcher Zeitung, 30.05.1963.

142 Radiowanderung im Alpstein, in: Appenzeller Volksfreund, 16.06.1964.

143 Wandern in der Masse, Leserbrief zu «Diskussion um die Radiowanderung», in: Neue Zürcher Zeitung, 30.05.1963.

144 Vgl. Jahresbericht und Jahresrechnung des Kur- und Verkehrsvereins Appenzell Innerrhoden von 1972, Appenzell 1973, S. 13 (Archiv VAT AI).

145 Jahresbericht des Kur- und Verkehrsvereins Appenzell Innerrhoden von 1961, Appenzell 1962, S. 9 (Archiv VAT AI).

146 Jahresbericht des Kur- und Verkehrsvereins Appenzell Innerrhoden von 1961, Appenzell 1962, S. 9 (Archiv VAT AI).

147 Geschäftsbericht über die Staatsverwaltung und Rechtspflege im Jahre 1961, Appenzell 1962, S. 134 (LAAI, N.013/002:067).

148 Jahresbericht des Kur- und Verkehrsvereins Appenzell Innerrhoden von 1962, Appenzell 1963, S. 14 (Archiv VAT AI).

149 Jahresbericht des Kur- und Verkehrsvereins Appenzell Innerrhoden von 1964, Appenzell 1965, S. 15 (Archiv VAT AI).

150 Jahresbericht des Kur- und Verkehrsvereins Appenzell Innerrhoden von 1964, Appenzell 1965, S. 12 (Archiv VAT AI).

151 Vgl. Jahresbericht des Kur- und Verkehrsvereins Appenzell Innerrhoden von 1985, Appenzell 1986, S. 16 (Archiv VAT AI).

152 Vgl. Jahresbericht des Kur- und Verkehrsvereins Appenzell Innerrhoden von 1899, S. 10, in: Protokoll- und Rechnungsbuch des Kur- und Verkehrsvereins Appenzell Innerrhoden 1899–1912 (LAAI, M.11.36/26).

153 Vgl. Schweizerische Arbeitsgemeinschaft für Wanderwege, in: Neue Zürcher Zeitung, 08.05.1935.

154 Vgl. Jahresbericht des Kur- und Verkehrsvereins Appenzell Innerrhoden von 1945, Appenzell 1946, S. 4–5 (Archiv VAT AI).

155 Vgl. Jahresbericht des Kur- und Verkehrsvereins Appenzell Innerrhoden von 1963, Appenzell 1964, S. 12 (Archiv VAT AI).

156 Vgl. Jahresbericht des Kur- und Verkehrsvereins Appenzell Innerrhoden von 1985, Appenzell 1986, S. 16–18 (Archiv VAT AI).

157 Vgl. Bergunfälle, Fallakten, 1939–1950 (LAAI, K.V.b/28).

158 Brief an die Polizeidirektion Appenzell und den Chef des alpinen Rettungswesens S.A.C, 02.02.1947, in: Bergunfälle, Fallakten 1939–1950 (LAAI, K.V.b/28).

159 Vgl. Bergunfälle, Fallakten, 1939–1950 (LAAI, K.V.b/28).

160 Vgl. Jahresbericht des Kur- und Verkehrsvereins Appenzell Innerrhoden von 1977, Appenzell 1978, S. 1–2 (Archiv VAT AI).

161 Jahresbericht des Kur- und Verkehrsvereins Appenzell Innerrhoden von 1970, Appenzell 1971, S. 13 (Archiv VAT AI).

162 Geschäftsbericht über die Staatsverwaltung und Rechtspflege von 1970, Appenzell 1971, S. 17 (LAAI, N.013/002:076).

163 Living Democracy – Old Folks-Moots still Flourish, in: Japan Times, 01.08.1957 [Übersetzung: Nadia Pettannice].

164 Vgl. Swiss Women Still Without Vote, in: The Japan Times, 01.05.1979; Swiss Canton Overturns Move to Let Women Vote, in: The Japan Times, 27.04.1982; Another Canton in Switzerland Grants Women the Right to Vote, in: The Japan Times, 02.05.1982; Swiss Canton Votes against Giving Suffrage to Women for Third Time, in: The Japan Times, 01.05.1990; Swiss Women Get Vote in Tiny Holdout State, in: The Japan Times, 29.11.1990; Vote for Tradition, in: The Japan Times, 27.04.1993; Swiss Parliament Rejects Women for Cabinet Job, in: The Japan Times, 05.03.1993.

165 Vgl. Jahresbericht des Kur- und Verkehrsvereins Appenzell Innerrhoden von 1973, Appenzell 1974, S. 3–4 (Archiv VAT AI).

166 Vgl. Dossier: Handl, Richard (1930–2004), Hotelier, Appenzell (LAAI, Z.1.H/023).

167 Vgl. Dossier: Werbeaktion in Hotel Hilton Tokyo, in: Ordner Werbeaktionen – Ausstellung – Werbereisen (Archiv VAT AI); Kenkrick, Vivienne: Personality Profile (Bericht über Monika Breitenmoser), in: The Japan Times, 25.05.1985; Swiss Food Promotion, in: The Japan Times, 19.02.1985; Inserat: The Swiss Are Proud of Beautiful Appenzell. Extended until March 24 Due to Popular Demand, in: The Japan Times, 14.03.1985.

168 Jahresbericht des Kur- und Verkehrsvereins Appenzell Innerrhoden von 1971, Appenzell 1972, S. 6 (Archiv VAT AI).

169 Jahresbericht des Kur- und Verkehrsvereins Appenzell Innerrhoden von 1971, Appenzell 1972, S. 6 (Archiv VAT AI).

170 Jahresbericht des Kur- und Verkehrsvereins Appenzell Innerrhoden von 1973, Appenzell 1974, S. 10 (Archiv VAT AI).

171 Jahresbericht des Kur- und Verkehrsvereins Appenzell Innerrhoden von 1972, Appenzell 1973, S. 10 (Archiv VAT AI).

172 Jahresbericht des Kur- und Verkehrsvereins Appenzell Innerrhoden von 1972, Appenzell 1973, S. 10 (Archiv VAT AI).

173 Jahresbericht des Kur- und Verkehrsvereins Appenzell Innerrhoden von 1972, Appenzell 1973, S. 11 (Archiv VAT AI).

174 Jahresbericht des Kur- und Verkehrsvereins Appenzell Innerrhoden von 1974, Appenzell 1975, S. 8 (Archiv VAT AI).

175 Vgl. Geschäftsbericht über die Staatsverwaltung und Rechtspflege im Jahre 1976, Appenzell 1977, S. 68–69 (LAAI, N.013/002:082).

176 Vgl. Geschäftsbericht über die Staatsverwaltung und Rechtspflege im Jahre 1977, Appenzell 1978, S. 63–65. (LAAI, N.013/002:083); 11. Verordnung betr. Spielautomaten und Spiellokale: Vorlage (LAAI, E.14.11.03/1979.1:11).

177 Landesfähnrich K. Locher, Referent, Verordnung betreffend Spielautomaten, in: Grosser Rat, Verfassungsrats-Session vom 19.03.1979, Protokoll, S. 42 (LAAI, E.14.11.01/1979.1).

178 Landesfähnrich K. Locher, Referent, Verordnung betreffend Spielautomaten, in: Grosser Rat, Verfassungsrats-Session vom 19.03.1979, Protokoll, S. 42 (LAAI, E.14.11.01/1979.1).

179 Appenzell I.Rh., in: Neue Zürcher Zeitung, 08.09.1887.

180 Vgl. Jahresbericht des Kur- und Verkehrsvereins Appenzell Innerrhoden von 1926, in: Appenzeller Volksfreund, 28.05.1927.

181 Landesfähnrich Dr. A. Rechtsteiner, Referent, Vorlagen der Standeskommission zur Totalrevision des Wirtschaftsgesetzes. A. Wirtschaftsgesetz, in: Grosser Rat, Gallenrats-Session, 24./25.11.1930, Protokoll, S. 12 (LAAI, E.14.11.01f/1930.3.).

182 Vorlagen der Standeskommission zur Totalrevision des Wirtschaftsgesetzes. A. Wirtschaftsgesetz, in: Grosser Rat, Gallenrats-Session vom 24./25.11.1930, Protokoll, S. 17 (LAAI, E.14.11.01f/1930.3).

183 Vgl. Tanzgesetz, Schaffung, 1930–1931 (LAAI, K.I.a/11)

184 Landesfähnrich Alfred Wild, Referent, Grosser Rat, Verfassungsrats-Session vom 19.03.1970, Protokoll, S. 443 (LAAI, E.14.11.01/1970.1).

185 Vgl. Kein Tanzverbot während der Adventszeit, in: Der Bund, 22.11.1982; Geschäftsbericht über die Staatsverwaltung und Rechtspflege im Jahre 1982, S. 20–22 (LAAI, N.013/002:088).

186 Tanzbewilligung, in: Geschäftsbericht über die Staatsverwaltung und Rechtspflege im Jahre 1983, Appenzell 1984. S. 57 (LAAI, N.013/002:089).

187 Jahresbericht des Kur- und Verkehrsvereins Appenzell Innerrhoden von 1977, Appenzell 1978, S. 4–5 (Archiv VAT AI).

188 Vgl. Jahresbericht des Kur- und Verkehrsvereins Appenzell Innerrhoden von 1978, Appenzell 1979, S. 3–4 (Archiv VAT AI).

189 Vgl. Innerrhoder Tourismus im Aufwind, in: Neue Zürcher Zeitung, 03.08.1978.

190 Jahresbericht des Kur- und Verkehrsvereins Appenzell Innerrhoden von 1970, Appenzell 1971, S. 11 (Archiv VAT AI).

191 Jahresbericht des Kur- und Verkehrsvereins Appenzell Innerrhoden von 1973, Appenzell 1974, S. 9 (Archiv VAT AI).

192 Vgl. u.a. Der Fall Zermatt, in: Appenzeller Volksfreund, 28.03.1963; Die Katastrophe von Zermatt, in: Appenzeller Volksfreund, 30.03.1963; Zermatt schliesst Hotels, in: Appenzeller Volksfreund, 26.03.1963; Zum Ausbruch von Typhus in Zermatt, in: Appenzeller Volksfreund, 21.03.1963.

193 Geschäftsbericht über die Staatsverwaltung und Rechtspflege im Jahre 1963, Appenzell 1964, S. 69 (LAAI, N.013/002:069).

194 Jahresbericht des Kur- und Verkehrsvereins Appenzell Innerrhoden von 1963, Appenzell 1964, S. 11 – 12 (Archiv VAT AI).

195 Jahresbericht des Kur- und Verkehrsvereins Appenzell Innerrhoden von 1963, Appenzell 1964, S. 3 (Archiv VAT AI).

196 Vgl. Zermatt will alles wieder gut machen, in: Freiburger Nachrichten, 14.05.1963.

197 Die Lehren aus dem Fall Zermatt. Kreisschreiben des Eidgenössischen Departements des Innern zur Typhusepidemie, in: Neue Zürcher Nachrichten, 09.04.1963.

198 Grosser Rat, Verfassungsrats-Session, 04.04.1963, Protokoll, S. 223 – 224 (LAAI, E.14.11.01/1963.1).

199 Jahresbericht des Kur- und Verkehrsvereins Appenzell Innerrhoden von 1980, Appenzell 1981, S. 3 (Archiv VAT AI).

200 Jahresbericht des Kur- und Verkehrsvereins Appenzell Innerrhoden von 1981, Appenzell 1982, S. 3 (Archiv VAT AI).

201 Jahresbericht des Kur- und Verkehrsvereins Appenzell Innerrhoden von 1981, Appenzell 1982, S. 4 (Archiv VAT AI).

202 Jahresbericht des Kur- und Verkehrsvereins Appenzell Innerrhoden von 1985, Appenzell 1986, S. 19; vgl. auch Touristische Entwicklung. Richtlinien 1984, hg. von Kur- und Verkehrsverein Appenzell Innerrhoden, o. O. 1984 (Archiv VAT AI).

203 Vgl. Jahresbericht des Kur- und Verkehrsvereins Appenzell Innerrhoden von 1984, Appenzell 1985 (Archiv VAT AI).

204 Jahresbericht des Kur- und Verkehrsvereins Appenzell Innerrhoden von 1985, Appenzell 1986, S. 29 (Archiv VAT AI).

205 Jahresbericht des Kur- und Verkehrsvereins Appenzell Innerrhoden von 1985, Appenzell 1986, S. 29 – 32 (Archiv VAT AI).

206 Geschäftsbericht des Vereins Appenzellerland Tourismus AI von 1999, Appenzell 2000, S. 9 (Archiv VAT AI).

207 Vgl. Geschäftsbericht des Vereins Appenzellerland Tourismus AI von 1994, Appenzell 1995, S. 7 (Archiv VAT AI).

208 Geschäftsbericht des Vereins Appenzellerland Tourismus AI von 1995, Appenzell 1996, S. 9 (Archiv VAT AI).

209 Geschäftsbericht des Vereins Appenzellerland Tourismus AI von 1995, Appenzell 1996, S. 9 (Archiv VAT AI).

210 Geschäftsbericht des Vereins Appenzellerland Tourismus AI von 1996, Appenzell 1997, S. 3 (Archiv VAT AI).

211 Geschäftsbericht des Vereins Appenzellerland Tourismus AI von 1993, Appenzell 1994, S. 12 – 13; vgl. auch Geschäftsbericht des Vereins Appenzellerland Tourismus AI von 1997, Appenzell 1998, S. 3 (Archiv VAT AI).

212 Vgl. Geschäftsbericht des Vereins Appenzellerland Tourismus AI von 1994, Appenzell 1995, S. 5 (Archiv VAT AI).

213 Vgl. Geschäftsbericht des Vereins Appenzellerland Tourismus AI von 1996, Appenzell 1997, S. 10 (Archiv VAT AI).

214 Geschäftsbericht des Vereins Appenzellerland Tourismus AI von 1998, Appenzell 1999, S. 3 (Archiv VAT AI).

215 Vgl. Geschäftsbericht des Vereins Appenzellerland Tourismus AI von 1994, Appenzell 1995, S. 8 (Archiv VAT AI).

216 Vgl. Kurhaus Weissbad, Zeitungsberichte und Prospekte, 1898 – 2023 (LAAI, Z.2.E/083).

217 Vgl. Kurhaus Weissbad, Zeitungsberichte und Prospekte, 1898 – 2023 (LAAI, Z.2.E/083).

218 Prospekt des Kurhaus Weissbad, zweite Hälfte der 1990er-Jahre (LAAI, Z.2.E/083).

219 Vgl. Jakobsbadstrasse 26, Kurhaus Jakobsbad, Dokumentation und Fotos (LAAI, L.XXII/169).

220 Hotel Jakobsbad AG: «kur, hotel, jakobsbad», in: Hotel Jakobsbad, August 2023, [online] https://www.hotel-jakobsbad.ch [30.06.2024].

221 Vgl. Fuchs, Thomas: Von der Notwendigkeit zum Wellnessangebot. Heilbäder und Badeanstalten, in: Es fliesst und fliesst und fliesst. Die appenzellischen Gewässer, hg. von Christine König, Herisau 2014, S. 122 – 135, hier S. 130; vgl. auch Weishaupt, Achilles: Geschichte von Gonten, Bd. 2, Gonten 1997, S. 519 – 522; Gontenstrasse 53, Kurhaus/Altersheim Gontenbad, Dokumentation: Notizen und Fotos (LAAI, L.XXII/166)

222 Vgl. Geschäftsbericht des Vereins Appenzellerland Tourismus AI von 1999, Appenzell 2000, S. 7 – 9 (Archiv VAT AI).

223 3. Protokoll der Landsgemeinde, 25.04.1999, Vorlage (LAAI, E.14.11.03/1999.3:03).

224 Geschäftsbericht des Vereins Appenzellerland Tourismus AI von 1998, Appenzell 1999, S. 3 (Archiv VAT AI).

225 Vgl. Protokoll der Landsgemeinde, 28.04.1996 (LAAI, E.14.01.01/1996).

226 6. Grossratsbeschluss betreffend Revision der Verordnung betreffend die Öffnung von Verkaufsgeschäften an öffentlichen Ruhetagen, Vorlage, 26.01.2000 (LAAI, E.14.11.03/2000.1:06).

227 Vgl. Sauter, Christian: Heile Welt – abgepackt und abgefüllt, in: Tages-Anzeiger, 23.06.1997.

228 Vgl. Strebel, Hanspeter: Der Ball liegt bei den Regierungen, in: St. Galler Tagblatt, 29.08.2002; Mettler, Hans Peter; Stahlberger, Peter: Wären auch zusammen ein kleiner Kanton, in: Neue Zürcher Zeitung, 22.10.2002.

229 Geschäftsbericht des Vereins Appenzellerland Tourismus AI von 2003, Appenzell 2004, S. 14 (Archiv VAT AI).

230 Geschäftsbericht der Appenzellerland Tourismus AG von 2000, Appenzell 2001, S. 5 (Archiv VAT AI).

231 Geschäftsbericht des Vereins Appenzellerland Tourismus AI von 2009, Appenzell 2010, S. 2 (Archiv VAT AI).

232 Geschäftsbericht des Vereins Appenzellerland Tourismus AI von 2018, Appenzell 2019, S. 2 (Archiv VAT AI).

233 Krummenacher, Jörg: Von der Freiheit in der Natur, in: Neue Zürcher Zeitung, 24.04.2009.

234 Thiriet, Maurice: Ein Zipfelstürmer in nackter Mission, in: Tages-Anzeiger, 20.04.2009.

235 Bergbahnen im Toggenburg werben mit Sicht auf Nacktwanderer, in: Thurgauer Zeitung, 25.06.2009.

236 Vgl. Pflüger, Max: Das perfekte Bild suchen, in: St. Galler Tagblatt, 09.09.2015.

237 Geschäftsbericht des Vereins Appenzellerland Tourismus AI von 2020, Appenzell 2021, S. 8 (Archiv VAT AI).

238 Vgl. Geschäftsbericht des Vereins Appenzellerland Tourismus AI von 2020, Appenzell 2021, S. 13 (Archiv VAT AI).

239 Saint-Exupéry, Antoine de: Die Stadt in der Wüste, Düsseldorf 1951, S. 172.

Gedruckte Quellen

Appenzeller Volksfreund, diverse Jahrgänge.
Appenzeller Zeitung, diverse Jahrgänge.
Das Appenzellerland, hg. von Kur- und Verkehrsverein Appenzell Innerrhoden und Verband Appenzell Ausserrhodischer Verkehrsvereine, diverse Jahrgänge.
Fremdenblatt für Appenzell Innerrhoden, hg. von Kur- und Verkehrsverein Appenzell Innerrhoden, Appenzell 1899 – 1939.
Grünewald, Theodor; Neff, Jakob: In die Berge des Appenzellerländchens. Für die Freunde der Natur und ländlicher Sitten, Appenzell 1881.
Gsell-Fels, Theodor: Die Bäder und klimatischen Kurorte der Schweiz, Zürich 1880.
Statistisches Jahrbuch der Schweiz, hg. vom eidgenössischen statistischen Bureau, Bern, diverse Jahrgänge.

Archivquellen

Archiv VAT AI

Alte Fotos, unsigniert.
Ausschuss, Korrespondenz/Protokolle. Zukunftswerkstatt AI, unsigniert.
Broschüren, Prospekte unsigniert.
Geschäftsberichte des Vereins Appenzellerland Tourismus AI, 1995 – 2023, unsigniert.
Jahresberichte des Kur- und Verkehrsvereins Appenzell Innerrhoden, 1946 – 1994, unsigniert.
Prospekte. Flyer, Pressetexte usw., 2001, unsigniert.
Sitzungen Verkehrsverein, 1985 – 1990, unsigniert.
Touristische Entwicklung. Richtlinien 1984, hg. von Kur- und Verkehrsverein Appenzell Innerrhoden, o.O. 1984, unsigniert.
Touristische Leitbilder. Dissertationen, unsigniert.
Werbeaktionen. Ausstellungen. Werbereisen, 1990, unsigniert.
Zeitungen. Zeitschriften. 1985 – 1989, unsigniert.

Kantonsbibliothek Appenzell Innerrhoden (KBAI)

P 522, Jahresberichte und Jahresrechnungen des Kur- und Verkehrsvereins Appenzell Innerrhoden, 1900 – 1964.
Z 8.2, Fremdenblatt für Appenzell Innerrhoden, hg. von Kur- und Verkehrsverein Appenzell Innerrhoden, 1899 – 1939.

Landesarchiv Appenzell Innerrhoden (LAAI)

E.14.01.01/1996, Landsgemeinde vom 28.04.1996: Protokoll.
E.14.11.01, Protokolle des Grossen Rates 1900 – 2004.
E.14.11.01f/1930.3, Grosser Rat, Gallenrats-Session vom 24./25.11.1930, Protokoll.
E.14.11.01/1963.1, Grosser Rat, Verfassungsrats-Session vom 04.04.1963, Protokoll.
E.14.11.01/1970.1, Grosser Rat, Verfassungsrats-Session vom 19.03.1970, Protokoll.
E.14.11.01/1979.1, Grosser Rat, Verfassungsrats-Session vom 19.03.1979, Protokoll.
E.14.11.03/1999.3:03, 3. Protokoll der Landsgemeinde, 25.04.1999, Vorlage.
E.14.11.03/2000.1:06, 6. Grossratsbeschluss betreffend Revision der Verordnung betreffend die Öffnung von Verkaufsgeschäften an öffentlichen Ruhetagen, Vorlage, 26.01.2000.
K.I.a/11, Tanzgesetz, Schaffung, 1930 – 1931.
K.III.a/67:02, Bundesgerichtsentscheid in Sachen Kuranstalt Weissbad AG, gegen den Grossen Rat betr. Badeverordnung, Urteil und Akten, 1929 – 1930.
K.IV.a/70, Badeanstalt Forren, Erstellung, 1907.
K.V.b/27, Rettungskolonne, Vereinbarung und Korrespondenz mit Schweizer Alpen-Club, 1936 – 1952.
K.V.b/28, Bergunfälle, Fallakten, 1939 – 1950.
K.VII.c/05, Säntisbahn, Pläne, 1911 – 1912.
K.VII.c/13, Schwebebahn Schwägalp Säntis Projekt Meyer, Projektunterlagen, 1931 – 1935.
K.IX.c/019.04, Handelsregisterakten Kur- und Verkehrsverein Appenzell, 1899 – 1934.
L.VIII.01.0675, 100 Jahre Kur- und Verkehrsverein Appenzell (Appenzellerland Tourismus AI), 1899 – 1999.
L.VIII.01.0708, 100 Jahre Kur- und Verkehrsverein Appenzell (Appenzellerland Tourismus AI) 1899-1999, Unterlagen zu einem Vortrag, 2000.
L.VIII.05.03.03, Die Säntisbahn laut Konzession der schweiz. Bundesversammlung: Nationalratsbeschluss vom 18. Juni 1887.
L.XIV/052, Dokumentation, Hildebrand-Rusch, Wilhelmina (1879 – 1967), 1967.
L.XIV/087, Persönliche Dokumente von Emil Hildebrand-Rusch (1868 – 1943), 1896 – 1943.
L.XXII/166, Gontenstrasse 53, Kurhaus/Altersheim Gontenbad, Dokumentation, Notizen und Fotos, 1963.
L.XXII/169, Jakobsbadstrasse 26, Kurhaus Jakobsbad, Dokumentation, Fotos, 1963.
L.XXXIV/09, Sebedöni der Chnecht vom Berndli. Dialektschauspiel in vier Akten, Aufführung: Korrespondenz und Programm, 1926.
L.XXXIV/10, Au ohni Göld, Radioaufführung: Programm und Korrespondenz, 1938.
L.XXXIV/11, Trachtenfest in Appenzell, Durchführung: Programm, 1920.
L.XXXIV/29, Bi ös im Appezöllerlendli. Heimatspiel in 2 Bildern, Aufführung: u.a. Texthefte, Programm und Zeitungsberichte, 1936.
M.03.02/001.01, Lebenslauf von Dr. med. Emil Hildebrand, verlesen an seiner Beerdigung, 24.11.1943.
M.03.02/20, Pfarreirat, Sonntagsverkauf / Sonntagsruhe, Standpunkt: u.a. Zeitungsberichte, Einsendungen und Vorlage Grosser Rat, 1995.
M.06.03/02, Protokoll Forren-Gemeinde und Kommission, 1888– 1921.

M.11.24/11, Abendverkauf und Sonntagsverkauf, u.a. Protokoll und Bewilligung, 1986 – 1987.

M.11.36/01, Jahresberichte (später Geschäftsberichte) Kur- und Verkehrsverein Appenzell Innerrhoden, 1946 – 1965.

M.11.36/02, Vorstand und Ausschuss, Sitzungen: Protokolle, teilweise mit Akten, 1984 – 1990.

M.11.36/03, Vorstand und Ausschuss, Sitzungen: Protokolle, teilweise mit Akten, 1991 – 1997.

M.11.36/04, Arbeitsgruppe Marketing: vereinzelte Protokolle, 1985 – 1992.

M.11.36/05, Besprechungen mit anderen Interessengruppen: Protokolle, 1985 – 1986.

M.11.36/06 bis M.11.36/08, Jahresrechnungen, 1946 – 1960.

M.11.36/09 bis M.11.36/18, Das Appenzellerland. Sommer-Publikation der Appenzellischen Verkehrsvereine, 1941 – 1971.

M.11.36/19, Das Appenzellerland. Winter-Publikation der Appenzellischen Verkehrsvereine, 1948 – 1950.

M.11.36/20, Verschiedene touristische Publikationen über das Appenzellerland, 1947 – 1952.

M.11.36/21 bis M.11.36/24, Jahresrechnungen 1931 – 1945.

M.11.36/25, Promenadengesellschaft / Kurverein Appenzell, Versammlungen: Protokolle, 1868 – 1897.

M.11.36/26 bis M.11.36/29, Hauptversammlung und Kommission, Versammlungen: Protokolle, 1899 – 1940.

M.11.36/30 bis M.11.36/32, Hauptversammlung und Kommission, Versammlungen: Notizen des Präsidenten, 1942 – 1966.

M.11.36/33, Korrespondenzbuch, 1914 – 1926.

M.11.36/34 bis M.11.36/36, Vorstand und Ausschuss, Protokolle, teilweise mit Akten, 1998 – 2007.

M.11.59/26, Weihnachtsverkäufe/Sonntagsverkäufe, Durchführung: u.a. Programm, Abrechnungen und Zeitungsberichte, circa 1977 – 1997.

M.11.55/059, Schweizerisches Trachtenfest in Appenzell 1963, Organisation und Durchführung: u.a. Programm und Protokolle, 1963.

M.11.70/055, Fotoalbum, u.a. Skitouren, 1920 – 1924.

M.11.70/056, Fotoalbum, u.a. Skitouren, 1919 – 1925.

M.11.71/20, Fotos Alpsteinlauf, 1965 – 1995.

N.001/001:0387, Verordnung über das Baden vom 31. März 1930.

N.001/001:0448, Verordnung betreffend die Bergführer vom 30. November 1936.

N.001/002:024, Statuten des Kurvereins in Appenzell vom 25. Juni 1878.

N.001/002:031, Statuten des Kurvereins in Appenzell vom 8. April 1883.

N.001/002:054, Statuten des Kur- und Verkehrsvereins für Appenzell Innerrhoden vom 13. April 1889.

N.001/002:129, Bade-Ordnung für das Schwimm- und Sonnen-Bad Weissbad, 01.06.1929.

N.013/002:067 bis 089, Geschäftsberichte über die Staatsverwaltung und Rechtspflege 1961 – 1983.

N.801/005.07, Kantonaler Gewerbeverband Appenzell Innerrhoden, Defizitgarantie Sonntagsverkäufe: u.a. Gesuchsunterlagen und Entscheide Wirtschaftsförderungskommission, 1993 – 1994.

Z.1.B/020, Baumberger, Andreas, Filmemacher, St. Gallen: Zeitungsberichte, 2002.

Z.1.B/125, Breitenmoser, Reto, «Retonio», Unternehmer, Appenzell: Zeitungsberichte, 1973 – 2005.

Z.1.H/023, Handl, Richard (07.06.1930 – 2004), Hotelier, Appenzell: Zeitungsartikel, 2004.

Z.1.H/096, Hildebrand, Emil (28.02.1868 – 21.11.1943), Arzt: Zeitungsartikel, Nekrolog, Literaturauszüge, biografische Notizen, 1924 – 2005.

Z.1.M/014, Manser, Bisch, Lehrer, Appenzell: Zeitungsartikel, 2004.

Z.1.R/015, Räss Willy, Tourismusmitarbeiter, Appenzell: Zeitungsartikel, 2001.

Z.1.R/046, Rehm-Rusch, Monica, Tourismus, Appenzell: Zeitungsartikel, 2005.

Z.2.D/011, Abwasserreinigung im Alpstein: Zeitungsberichte, 1982 – 2003.

Z.2.D/064, Skilift Appenzell – Sollegg: Zeitungsberichte und Broschüren, 1953 – 2018.

Z.2.E/083, Kurhaus Weissbad, Zeitungsberichte und Prospekte, 1898 – 2023.

Z.2.E/190, Appenzellerland Tourismus AG: Zeitungsberichte, 1999 – 2005.

Z.2.E/294, Kur- und Verkehrsverein Appenzell I. Rh. / Appenzellerland Tourismus AI, u.a. Zeitungsberichte und Statuten, 1945 – 2002.

Z.2.H/089, Tracht allgemein: u.a. Zeitungsberichte und Flyer, 1920 – 2003.

Z.2.H/147, Tanz: Zeitungsberichte, 1939 – 2000.

Z.2.L/002, Schwimmbad Forren, Freibad Appenzell: u.a. Zeitungsberichte und Prospekte, 1965 – 2021.

Z.2.L/006, Schwimmbad und Natureisbahn Glandenstein: Zeitungsberichte und Badeordnung, 1929 – 2010.

Z.2.L/007, Badeordnung: u.a. Zeitungsberichte, 1930 – 2008.

Z.2.L/009, Wintersport allgemein: u.a. Zeitungsberichte, 1968 – 1996.

Z.2.L/010, Bergunfälle: Zeitungsberichte, 1963 – 2022.

Z.2.L/011, Bergsport und Wandersport allgemein: u.a. Zeitungsberichte und Wanderführer, 1962 – 2017.

Z.2.L/012, Wanderwege und Bergwege: u.a. Zeitungsberichte, 1964 – 2006.

Z.2.L/015, Rettungskolonnen und Bergrettung: Zeitungsberichte, 1961 – 2021.

Z.2.L/027, Alpsteinlauf: u.a. Zeitungsberichte, 1966 – 2002.

Z.2.M/083, Jugendherberge Büriswilen: Zeitungsbericht, 1979.

Z.2.N/021, Militär, Zweiter Weltkrieg: u.a. Zeitungsberichte, 1939 – 2000.

Literatur

Bischofberger, Hermann: Bewegte Weissbadgeschichte. Geschichte der Kurstätte Weissbad (Schriftenreihe Hof Weissbad, Bd. 1), Weissbad o. D.

Büchler, Hans: Der Alpstein. Natur und Kultur im Säntisgebiet, Herisau 2000.

Büchler, Hans: Entdeckung und Erschliessung, in: Der Alpstein. Natur und Kultur im Säntisgebiet, Herisau 2000, S. 133–175.

Dobler, Christian et al.: Die Finanzierung des Kur- und Verkehrsvereins Appenzell I. Rh. unter Berücksichtigung der touristischen Entwicklung, Appenzell 1990.

Ebneter Kast, Franziska: Inszenierung von Appenzell Innerrhoden. Postkarten und Tourismusprospekte im 20. Jahrhundert, Saarbrücken 2010.

Engelsing, Thomas: Idyllen zwischen Berg und See. Die Entdeckung von Bodensee und Voralpenraum, Konstanz 2021.

Fässler, Adalbert, 100 Jahre SCA Appenzell, Appenzell 2009.

Fischer, Rainald: Die Kunstdenkmäler des Kantons Appenzell Innerrhoden (Die Kunstdenkmäler der Schweiz, Bd. 74), Basel 1984.

Fuchs, Thomas: Von der Notwendigkeit zum Wellnessangebot. Heilbäder und Badeanstalten, in: Es fliesst und fliesst und fliesst. Die appenzellischen Gewässer, hg. von Christine König, Herisau 2014, S. 122–135.

Frefel, Sandro: Badeanstalten und Badevergnügen in Appenzell Innerrhoden. Von der Geschlechtertrennung zum Gemeinschaftsbad, in: Innerrhoder Geschichtsfreund, Bd. 44, Appenzell 2014, S. 7–73.

Grosser, Hermann: Die Erschliessung des Alpstein, in: Innerrhoder Geschichtsfreund, Bd. 9, Appenzell 1962, S. 55–84.

Grosser, Hermann: Der Fremdenverkehr und seine Entwicklung vom 17. Jahrhundert bis zur Gegenwart im Appenzellerland. Unter besonderer Berücksichtigung von Appenzell Innerrhoden, in: Appenzellerland. Landschaft – Geschichte – Kultur, Bühl/Baden 1978, S. 45–60.

Grosser, Hermann; Hangartner, Norbert: Appenzell Innerrhoden. Von der Landteilung 1597 bis ins 20. Jahrhundert (Appenzeller Geschichte, Bd. 3), Appenzell 1993.

Hachtmann, Rüdiger: Tourismus-Geschichte, Göttingen 2007.

Halbeisen, Patrick et al.: Wirtschaftsgeschichte der Schweiz im 20. Jahrhundert, Basel 2012.

Hardegger, Josef: 100 Jahre Gaiserbahn 1889–1998. Ein Kapitel bewegter Eisenbahngeschichte im Appenzellerland, Herisau 1989.

Hersche, Peter: Agrarische Religiosität. Landbevölkerung und traditionaler Katholizismus in der voralpinen Schweiz 1945–1960, Baden 2013.

Heuscher, Stephan: «Gipfelstürmer in den Kreuzbergen», in: Zeitzeugnisse, 17.12.2013, [online] https://www.zeitzeugnisse.ch/detail.php?id=330 [03.09.2024].

Höhener, Hans: Tourismus, Bahnen und Verkehr, in: Der Alpstein. Natur und Kultur im Säntisgebiet, Herisau 2000, S. 230–249.

Hürlemann, Hans: Säntis – Ziel vieler Träume. Die Geschichte der Bahnprojekte auf den Säntis, Herisau 2000.

Inauen, Bettina et. al.: 100 Jahre Rettungskolonne Appenzell. 1910–2010, Appenzell 2010.

John, Vinzenz: Appenzell Innerrhoden in Wort und Bild, 2. neubearbeitete Auflage von Walter Koller, hg. von Kur- und Verkehrsverein Appenzell Innerrhoden, Appenzell 1971.

Kesselring, Walter: 100 Jahre Verkehrsverein der Stadt St. Gallen (VVSG) 1890–1990, St. Gallen 1990.

Küng, Josef: Tourismus, in: Unser Innerrhoden, hg. von der Landesschulkommission Appenzell Innerrhoden im kantonalen Lehrmittelverlag, Appenzell 2003, S. 173–176.

Landeschronik von Appenzell I.Rh., in: Appenzellische Jahrbücher, diverse Jahrgänge.

Manser, Joe: Festspieltradition im Appenzellerland. Begleitschrift zur Ausstellung im Roothuus Gonten, 14. Juni – 31. Juli 2005, Appenzell 2005.

Manser, Joe: Innerrhoder Tanzmusik. Tanzmusikanten, Tanzlust, Tanzverbote. Hundert Jahre Appenzell Innerrhoder Tanzmusikantenverband 1916–2016 (Innerrhoder Schriften, Bd. 17), Appenzell 2016.

Müller, Stephan: Die Geschichte der Appenzeller Bahnen AB/SGA/AG/SG, Herisau 1981.

Nisple, Agathe: Appenzell. Ein Dorf- und Kulturführer, Appenzell Innerrhoden, Herisau 2001.

Rebsamen, Hanspeter: Appenzell (INSA, Inventar der neueren Schweizer Architektur, 1850–1920, Bd. 1), Bern 1984.

Rusch-Hälg, Carl: Appenzell Innerrhoden auf Ansichtskarten und in Zeitschriften während der Jahre 1890–1950. Ein ikonographisch-dokumentarisches Nachschlagewerk, Appenzell 1995.

Schumacher, Beatrice: Ferien. Interpretation und Popularisierung eines Bedürfnisses. Schweiz 1890–1910, Wien 2002.

Signer, Daniel; Haux, Anke: Verein Appenzellerland Tourismus AI. Eine Tourismusorganisation im Wandel, ungedruckte Seminararbeit Universität St. Gallen, 2001.

Signer, Jakob: Chronik der Appenzell I.Rh. Liegenschaften, in: Appenzellische Geschichtsblätter, Jg. 21–23, Nr. 3–7, Appenzell 1958–1961 (Beilage zum Appenzeller Volksfreund).

Specker, Thomas; Witschi, Peter; Hürlemann, Hans: Historische Verkehrswege in den Kantonen Appenzell Inner- und Ausserrhoden. Eine Publikation zum Inventar historischer Verkehrswege der Schweiz IVS, Bern 2007.

Tissot, Laurent: «Tourismus», in: Historisches Lexikon der Schweiz (HLS), 08.03.2022, übersetzt aus dem Französischen, [online] https://hls-dhs-dss.ch/de/articles/014070/2022-03-08/ [08.07.2024].

Tissot, Laurent: «Verkehrsvereine», in: Historisches Lexikon der Schweiz (HLS), 28.03.2013, übersetzt aus dem Französischen, [online] https://hls-dhs-dss.ch/de/articles/016456/2013-03-28/ [08.07.2024].

Von Bädern und Kuranstalten in Appenzell-Innerrhoden, hg. von Kur- und Verkehrsverein Appenzell Innerrhoden, o. O. 1975.

Weishaupt, Achilles: Geschichte von Gonten, 2 Bde., Gonten 1997.

Weishaupt, Achilles: «Appenzell (Bezirk)», in: Historisches Lexikon der Schweiz (HLS), 16.01.2023, [online] https://hls-dhs-dss.ch/de/articles/001313/2023-01-16/ [08.07.2024].

Weishaupt, Achilles; Rainald Fischer: «Appenzell (Kanton)», in: Historisches Lexikon der Schweiz (HLS), 25.10.2019, [online] https://hls-dhs-dss.ch/de/articles/007389/2019-10-25/ [06.07.2024].

Wild, Dr. A.: Dr. med. Emil Hildebrand 1868–1943, Nachruf von Pfarrer Dr. A. Wild an der Beerdigung am 24. November 1943, in: Appenzellische Jahrbücher, Bd. 71 (1944), S. 28–32.

Zeitungsartikel

Appenzeller Volksfreund

Baden ohne Geschlechtertrennung, 18.06.1930.
Badewesen in Innerrhoden, 28.06.1930.
Das Chalet, 31.01.1955.
Das Verkehrschalet, 27.01.1955.
Der Fall Zermatt, 28.03.1963.
Die Katastrophe von Zermatt, 30.03.1963.
Frau Wilhelmina Hildebrand-Rusch, Nachruf, 11.07.1967.
Radiowanderung im Alpstein, 16.06.1964.
Ratsherr Dr. med. Emil Hildebrand, Nachruf, 22.11.1943.
Säntisbahnprojekt, 03.04.1930.
Zermatt schliesst Hotels, 26.03.1963.
Zum Ausbruch von Typhus in Zermatt, 21.03.1963.

Neue Zürcher Zeitung (NZZ)

Appenzell I.Rh., 08.09.1887.
Aus dem Programm für Sonntag, 13. August Beromünster, 12.08.1933.
Automobilismus, 29.08.1919.
Auto-Verkehr in der Ostschweiz, 29.08.1919.
Der erste schweizerische Dialektfilm, 20.07.1933
Die Beseitigung der Abwässer im Alpstein, 14.09.1983.
Die Lehren aus dem Fall Zermatt. Kreisschreiben des Eidgenössischen Departements des Innern zur Typhusepidemie, 09.04.1963.
Diskussion um die Radiowanderungen, 30.05.1963.
Flugtag in Appenzell, 19.06.1914.
Hiltbrunner, Hermann: Der Zug ins Blaue, 03.02.1933.
Innerrhoder Tourismus im Aufwind, 03.08.1978.
Krummenacher, Jörg: Von der Freiheit in der Natur, 24.04.2009.
Kur- und Verkehrsverein Appenzell. Kinofilm in Amerika, 25.06.1920.
Leserbrief über die Verkehrsverhältnisse, 04.08.1903.
Mettler, Hans Peter/Stahlberger, Peter: Wären auch zusammen ein kleiner Kanton, 22.10.2002.
Mit der Luftseilbahn auf den Hohen Kasten, 13.08.1964.
Saison-Rundschau, 25.07.1919.
Schweizerische Arbeitsgemeinschaft für Wanderwege, 08.05.1935.
Trachtenfest in Appenzell, 20.08.1920.
Viehseuche, 25.07.1902.
Zum Säntisbahn-Projekte, 26.08.1887.
Zum Trachtenfest, 04.08.1904.

Neue Zürcher Nachrichten (NZN)

Appenzell als Winterkur- und Sportplatz, 04.01.1907.
Baumbergers Festspiel, 30.11.1904.
Das erste schweizerische Tonfilm-Atelier in Zürich, 06.09.1933.
Trachtenfest in Appenzell, 13.08.1910.
«Wie d'Warret würkt», 28.11.1933.

Weitere

Abrüstung am Hohen Kasten, in: Die Tat, 21.09.1962.
Another Canton in Switzerland Grants Women the Right to Vote, in: The Japan Times, 02.05.1982.
Auflösung Wirteverein, in: Bieler Tagblatt, 03.02.1913.
Bergbahnen im Toggenburg werben mit Sicht auf Nacktwanderer, in: Thurgauer Zeitung, 25.06.2009.
Bergunglück beim Enziansuchen, in: Zürcherische Freitagszeitung, 04.10.1912.
Biders Flug Bern – St. Gallen – Appenzell, in: Der Bund, 22.06.1914.
Die umstrittenen «Swiss Echoes», in: Der Bund, 29.05.1959.
Die Säntisbahn, in: Der Bund, 24.06.1889.
Die Trachtenvereinigung verwahrt sich gegen die «Swiss Echoes», in: Der Bund, 19.05.1959.
Ein Sturzflieger im Alpsteingebiet, in: Der Bund, 27.05.1914.
Ein Zipfelstürmer in nackter Mission, in: Tages-Anzeiger, 20.04.2009.
Häusler, Andrea: Ist Nacktheit am Berg grober Unfug? in: St. Galler Tagblatt, 13.09.2008.
In Appenzell, in: Oberländer Tagblatt, 22.06.1914.
Jan Schoch holt den «Mister Wellness», in: Appenzeller Zeitung, 25.01.2024.
Kein Tanzverbot während der Adventszeit, in: Der Bund, 22.11.1982.
Kenkrick, Vivienne: Personality Profile (Bericht über Monika Breitenmoser), in: The Japan Times, 25.05.1985
Konzession Säntisbahn, in: Der Bund, 23.08.1887.
Lehren aus dem Unglück von Zermatt, in: Der Bund, 09.04.1963.
Living Democracy – Old Folks-Moots Still Flourish, in: Japan Times, 01.08.1957.
Nacktwanderer am Alpstein, in: Tages-Anzeiger, 12.09.2008.
Nationale und internationale Probleme der Hotellerie, in: Bieler Tagblatt, 18.11.1967.
Pflüger, Max: Das perfekte Bild suchen, in: St. Galler Tagblatt, 09.09.2015.
Radiowandern – ein neuer Sport, in: Der Bund, 17.08.1961.
Rettung Tannen Seealpsee, in: Zürcherische Freitagszeitung, 21.10.1910.
Rödiger, René: New York entdeckt Nackte, in: St. Galler Tagblatt, 13.03.2009.
Rote Karte für Zipfelstürmer, in: Blick, 20.01.2009.
Sauter, Christian: Heile Welt – abgepackt und abgefüllt, in: Tages-Anzeiger, 23.06.1997.
Strebel, Hanspeter: Der Ball liegt bei den Regierungen, in: St. Galler Tagblatt, 29.08.2002.
Swiss Canton Overturns Move to Let Women Vote, in: The Japan Times, 27.04.1982.
Swiss Canton Votes against Giving Suffrage to Women for Third Time, in: The Japan Times, 01.05.1990.
Swiss Food Promotion, in: The Japan Times, 19.02.1985
Swiss Parliament Rejects Women for Cabinet Job, in: The Japan Times, 05.03.1993.
Swiss Women Get Vote in Tiny Holdout State, in: The Japan Times, 29.11.1990.
Swiss Women Still Without Vote, in: The Japan Times, 01.05.1979.
Tanzen ist kein Menschenrecht, in: Tagesanzeiger für Thun und das Berner Oberland, 10.09.1887.
The Swiss Are Proud of Beautiful Appenzell. Extended until March 24 Due to Popular Demand, in: The Japan Times, 14.03.1985.
Toggenburger werben mit Nacktwanderern, in: Südostschweiz, 27.06.2009.
Vom letzten Sonntag (1. Augustfeier), in: Oberegger Anzeiger, 02.08.1912.
Vom Trachtenfest in Appenzell, in: Tagesanzeiger für Thun und das Berner Oberland, 11.08.1904.
Vote For Tradition, in: The Japan Times, 27.04.1993.
Zermatt will alles wieder gut machen, in: Freiburger Nachrichten, 14.05.1963.

Bildnachweise

1 Museum Appenzell, 4181.
2 Museum Appenzell, 34760.
3 ETH-Bibliothek Zürich, Bildarchiv, Hs_0494b-0030-028-AL.
4 Museum Appenzell, 13203.
5 Museum Appenzell, 6785.
6 Museum Appenzell, 33810.
7 LAAI, O.2.D/255.
8 LAAI, M.11.36.
9 LAAI, O.1/2699.
10 LAAI, O.1/2704.
11 Museum Appenzell, 6781.
12 Museum Appenzell, 20474.
13 Museum Appenzell, 8255.
14 Museum Appenzell, 9179.
15 KBAI, Z.8-2-1900.
16 Museum Appenzell, 240122.
17 LAAI, Sammlung Zeller.
18 LAAI, O.2.D/447.
19 LAAI, O.2.E/013.04.
20 LAAI, O.2.H/019.
21 LAAI, O.U.1:009.
22 ETH-Bibliothek Zürich, Bildarchiv, LBS_SR02-10911.
23 LAAI, O.2.D/255.
24 Museum Appenzell, 8400.
25 LAAI, O.2.D/076.
26 KBAI, Z 8.2 (1900).
27 KBAR, KB-022301/222r.
28 LAAI, M.11.36.
29 LAAI, O.2.H/019.
30 LAAI, O.2.H/032.
31 LAAI, O.2.D/076.
32 LAAI, O.2.D/076.
33 LAAI, O.2.D/158.
34 Museum Appenzell, Sammlung Emil Grubenmann.
35 Museum Appenzell, MB0236.
36 Museum Appenzell, 11150.
37 LAAI, O.2.K/004.
38 Museum Appenzell, Sammlung Zeller.
39 Museum Appenzell, 12331.
40 LAAI, M.11.70/056.
41 Museum Appenzell, MB0209.
42 Museum Appenzell, 16289.
43 Museum Appenzell, 7643.
44 Museum Appenzell, 5974.
45 LAAI, O.2.D/076.
46 LAAI, Z.2.D/083.
47 Museum Appenzell, 6787.
48 Museum Appenzell, 8325.
49 Schweizerische Nationalbibliothek, Graphische Sammlung, Plakatsammlung.
50 StAAR, Ca. O19-02.
51 KBAR, KB-020826/515.
52 LAAI, O.2.E/008.
53 LAAI, O.2.E/008.
54 LAAI, O.2.L/004.
55 Museum Appenzell, 8339.
56 Museum Appenzell, 9406.
57 LAAI, O.2.B/001.16.
58 LAAI, O.5/393.
59 Museum Appenzell, 4191.
60 LAAI, Z.2.D/064.
61 LAAI, O.2.E/005.
62 LAAI, O.2.E/006.
63 LAAI, M.11.71/20.
64 LAAI, M.11.71/20.
65 LAAI, M.11.71/20.
66 LAAI, O.5/384.
67 Museum Appenzell, 6792.
68 ETH-Bibliothek Zürich, Bildarchiv, Com_L13-0379-2400-0021.
69 Museum Appenzell, 30322.
70 LAAI, O.2.E/006.
71 Museum Appenzell, Sammlung Emil Grubenmann.
72 Museum Appenzell, 16310.
73 ETH-Bibliothek Zürich, Bildarchiv, Ans_150304-13-AL.
74 ETH-Bibliothek Zürich, Bildarchiv, Com_M13-0372-0003-0002.
75 LAAI, O.2.K/003.
76 Museum Appenzell, 32854.
77 LAAI, O.2.K/003.
78 Schweizerisches Sozialarchiv, F 5033-Fd-0356.
79 Schweizerisches Sozialarchiv, F 5033-Fd-0361.
80 Archiv VAT AI, unsigniert.
81 ETH-Bibliothek Zürich, Bildarchiv, LBS_SR03-09562.
82 LAAI, O.2.H/031.
83 Museum Appenzell, 16869.
84 Museum Appenzell, Sammlung Emil Grubenmann.
85 Museum Appenzell, Sammlung Emil Grubenmann.
86 ETH-Bibliothek Zürich, Bildarchiv, WIH_FLv30-282.
87 LAAI, O.5/347.
88 LAAI, M.11.36.
89 ETH-Bibliothek Zürich, Bildarchiv, Com_Ex_BA02-0014-0015.
90 LAAI, O.2.H/32.
91 LAAI, M.11.36.
92 Museum Appenzell, Sammlung Emil Grubenmann.
93 LAAI, M.11.36.
94 Museum Appenzell.
95 Archiv VAT AI.
96 Archiv VAT AI.
97 LAAI, O.2.D/076.
98 Hotel Hof Weissbad.
99 Verein Appenzellerland Tourismus AI.
100 Goba AG, Mineralquelle & Manufaktur.
101 Goba AG, Mineralquelle & Manufaktur.
102 Museum Appenzell, 35885.
103 LAAI, M.11.59/026.
104 Museum Appenzell.
105 Foto: Nadia Pettannice.
106 Foto: Nadia Pettannice.
107 Screenshot von Instagramposts unter dem Hashtag #appenzell, 2024.
108 ETH-Bibliothek Zürich, Bildarchiv, Com_C13-073-001-004.
109 LAAI, O.2.C/016.
110 Verein Appenzellerland Tourismus AI.
111 Verein Appenzellerland Tourismus AI.
112 Verein Appenzellerland Tourismus AI.
113 Post auf Instagram von Roger Federer, Juli 2016.
114 Verein Appenzellerland Tourismus AI.
115 Verein Appenzellerland Tourismus AI.
116 Verein Appenzellerland Tourismus AI.
117 Hotel Hof Weissbad.
118 Verein Appenzellerland Tourismus AI.
119 Verein Appenzellerland Tourismus AI.
120 LAAI, L.VIII.01.0675.
121 Kanton Appenzell Innerrhoden.
122 Verein Appenzellerland Tourismus AI.

Verlagshaus Schwellbrunn, Appenzeller Verlag AG
Im Rank 83, 9103 Schwellbrunn
verlag@appenzellerverlag.ch

Verlagsauslieferung in die EU:
HEROLD Fulfillment GmbH, Daimlerstrasse 14, 85748 Garching
service@herold-fulfillment.de

Gestaltung: Mike Müller
Satz: Verlagshaus Schwellbrunn
Gesetzt in Utopia Std und Helvetica Neue Lt Std
Druck: Appenzeller Druckerei, Herisau
Gedruckt auf Lessebo Smooth White
Herstellung: Verlagshaus Schwellbrunn

ISBN 978-3-85882-908-5
appenzellerverlag.ch